PLAN RAPPROCHÉ

PHOTOGRAPHIER LE SOCIAL

SOCIOLOGIE VISUELLE

NUMÉRO 2

Éditeurs
Pierre Fraser
Georges Vignaux

accès au site de ce numéro

SOCIOLOGIE VISUELLE
Revue fondée en 2016 par Georges Vignaux et Pierre Fraser

PREMIÈRE SÉRIE

Directeurs de la publication
Georges Vignaux, Pierre Fraser

***

COMITÉ DE RÉDACTION

Olivier Bernard
Lydia Arsenault
Véronique Leclerc

RÉVISION LINGUISTIQUE

LinguaCode

MISE EN PAGE ET INFOGRAPHIE

Photo|Société

Photo|Société
Paris - Québec, 2021-2023

Ce numéro

Au-delà de leur pur statut en tant qu'images visuelles, les photographies émergent comme des fenêtres révélatrices de nos sociétés, arborant des strates de signification qui transcendent leur caractère purement visuel. En fait, l'aptitude à pénétrer au-delà de la surface iconique, à décoder les symboles, à situer les scènes dans leurs contextes et à interpréter les interactions visuelles se révèle essentielle pour une compréhension en profondeur des dynamiques sociales et culturelles sous-tendant notre environnement social. Ainsi, l'analyse des photographies par le prisme de la sociologie visuelle dévoile comment ces représentations visuelles dépassent leur statut d'artefacts figés pour se muer en témoignages sociétaux dotés d'une portée narrative. Les photographies, comme témoins visuels, échappent alors à une interprétation unidimensionnelle, offrant plutôt un éventail de perspectives qui révèlent des réalités occultées, des inégalités structurelles et des interactions humaines complexes. De là, la sociologie visuelle offre une plateforme pour donner voix à ce qui est représenté déchiffrer les messages implicites qui imprègnent les contextes sociaux et culturels.

Dans une ère où l'image occupe une place primordiale, la sociologie visuelle réaffirme le pouvoir de la visualité en tant qu'outil analytique au service de la compréhension sociétale. Cette approche incite inévitablement les observateurs à transcender la surface perceptive afin de découvrir les couches imbriquées de signification inhérentes à chaque photographie. Par la confluence de l'art, de l'observation minutieuse et de la réflexion critique, la sociologie visuelle fournit une occasion exceptionnelle d'appréhender notre réalité complexe et plurielle sous un nouvel éclairage. Elle rappelle que, derrière chaque photographie, résident des récits profonds et des vérités socioculturelles susceptibles de redéfinir notre perspective et notre appréhension du monde environnant. En somme, la sociologie visuelle demeure un instrument essentiel pour saisir la profondeur des réalités humaines et pour contextualiser la complexité de nos sociétés à travers les images qui les capturent.

Pierre Fraser (PhD), sociologue. Québec, mars 2021

Table des matières

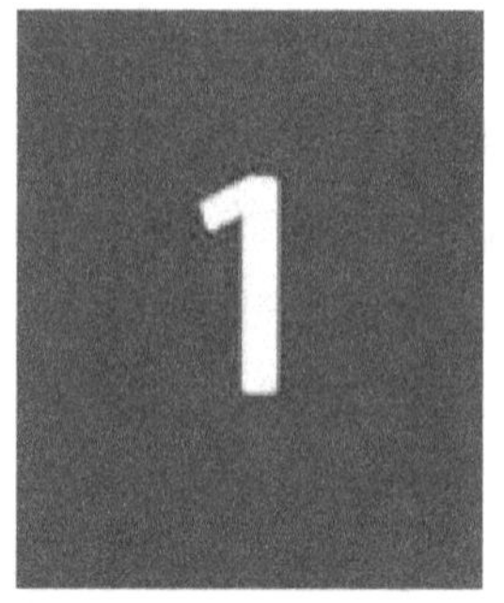

Le concept du plan rapproché, en tant qu'élément fondamental de la composition photographique, revêt une importance capitale dans la manière dont une scène est présentée au spectateur. Cette approche photographique repose sur le principe de rapprocher les sujets du cadre, permettant ainsi au spectateur d'entrer dans l'intimité visuelle de la scène. Cette proximité permet d'appréhender avec une acuité remarquable les détails et les nuances et les éléments environnants présents dans la composition. L'effet obtenu grâce au plan rapproché transcende la simple observation pour plonger le spectateur au cœur même de l'action, suscitant une connexion émotionnelle et cognitive avec les protagonistes de la scène.

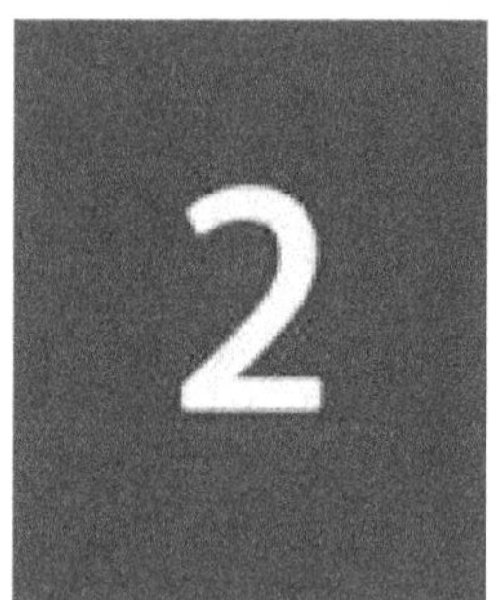

La photographie, en tant que véhicule du souvenir visuel, possède le pouvoir singulier de préserver les réalités évanouies. Elle cristallise des instants passés, offrant ainsi une fenêtre sur un passé révolu. Dans ce contexte, les articles de cette section du numéro se proposent de brosser un portrait du Marché Public du Vieux-Port de Québec tel qu'il était pendant une période s'étalant sur vingt ans, plus précisément du début du mois de novembre à la fin du mois de décembre. L'année centrale retenue pour cette rétrospective est 2015. Cette approche temporelle offre une perspective dynamique, permettant d'embrasser les évolutions saisonnières et les rituels ancrés dans le tissu social de la communauté.

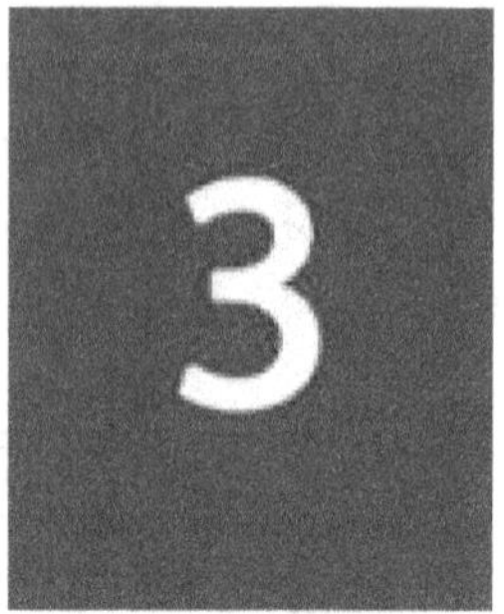

La banque alimentaire est dans une tout autre logique que celle du marché public. Elle ne s'inscrit ni dans la mouvance de l'écologisme, ni dans celle de l'authenticité et de la rusticité, ni dans celle du mode de vie sain, ni dans celle du travail équitable, loin de là. Elle s'inscrit plutôt dans une logique de survie et non celle de la durabilité, d'entraide sociale et de bénévolat. Nous sommes ici à mille lieues de tous les grands courants hygiénistes planétaires qui travaillent et traversent la société. Il s'agit de pourvoir à un besoin aussi fondamental que celui de se nourrir.

Comité éditorial pour ce numéro

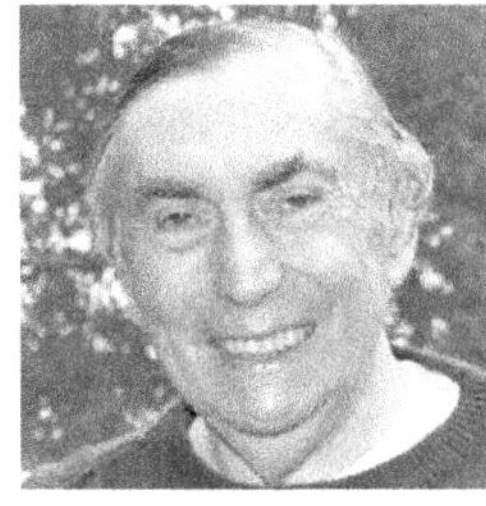

GEORGES VIGNAUX — directeur scientifique
Docteur d'État de l'Université Paris 7. Philosophe et logicien, son principal champ de recherche porte sur les phénomènes d'argumentation et de linguistique du discours, ainsi que sur la portée sociale et sémiotique de l'image.

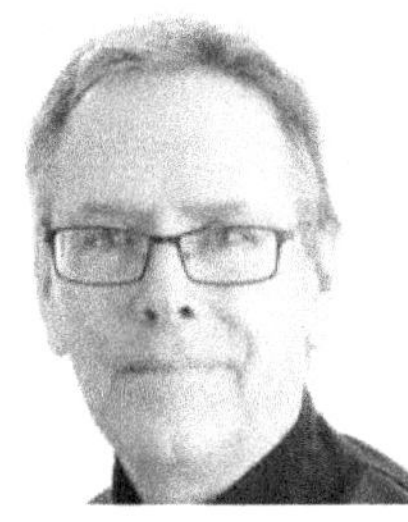

PIERRE FRASER — éditeur
Docteur en sociologie, sociocinéaste et photographe, rattaché à l'Université Laval. Son principal champ de recherche est celui de la sociologie visuelle.

Ont collaboré à ce numéro

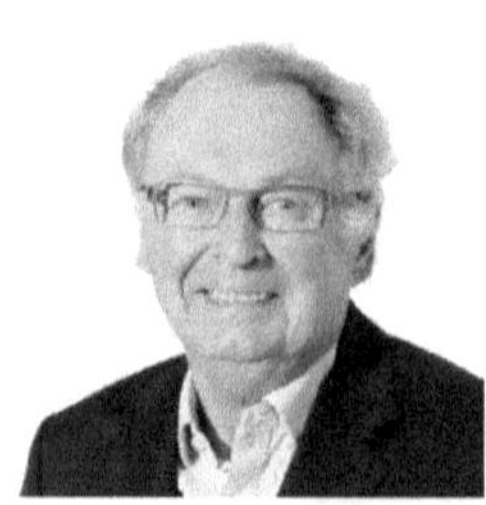

SIMON LANGLOIS
Professeur émérite rattaché à l'Université Laval, il est membre actif de la Société des Dix depuis 2006 et membre de l'Académie des sciences sociales de la Société royale du Canada. En 2012, il a reçu le Prix international du Gouverneur général en études canadiennes.

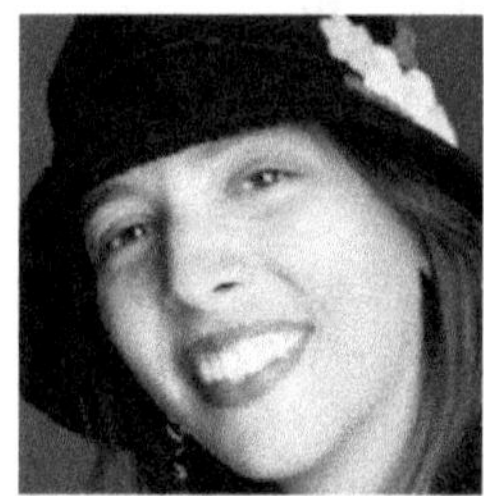

VALÉRIE HARVEY
Docteure en sociologie, elle s'intéresse principalement aux transformations de la famille qui influencent l'égalité entre les hommes et les femmes. Elle s'est plus spécifiquement penchée sur le Québec, le Japon et l'Islande.

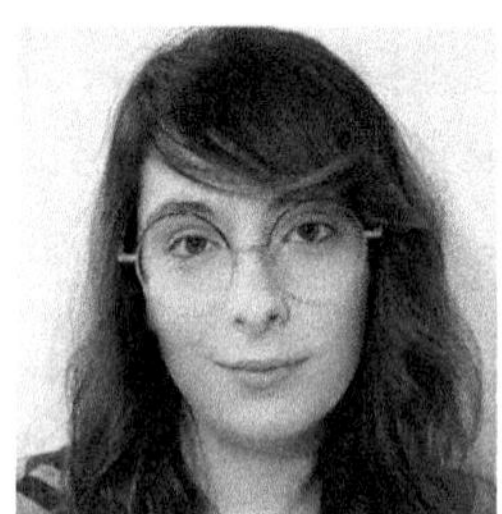

LÉA DESSUREAULT RACINE
Bachelière en sociologie, intéressée par la marginalité sociale, son expertise, en plein développement, l'a amené à envisager la condition sociale sous l'angle du rapport de force dominants/dominés. Elle porte aussi un grand intérêt pour le domaine des arts visuels et de la musique, une combinaison entre arts et science qui permet de réfléchir le monde social à la fois avec rigueur et créativité

Mot de l'éditeur

Comment est-il possible de mettre en pratique la sociologie visuelle et d'utiliser la photo pour rendre compte de différentes réalités sociales ? La question fondamentale de la mise en pratique de la sociologie visuelle et de son application à la représentation de diverses réalités sociales a fréquemment été soulevée, et le présent numéro vise à apporter une réponse partielle à ces deux interrogations interdépendantes, mais non moins complexes. Cependant, il convient de souligner que cette entreprise est bien plus ardue qu'il n'y paraît de prime abord, principalement en raison de la complexité inhérente à la tâche consistant à cerner la totalité des repères visuels qui convergent pour façonner un environnement social donné. Le défi réside donc dans la tentative de capturer l'essence d'un contexte par le biais de l'objectif photographique.

Aux fins de ce numéro, notre équipe s'est rendue dans un marché public ainsi que dans une banque alimentaire, afin de bien saisir ces deux environnements fortement contrastés. Cette démarche s'inscrit dans la lignée de l'analyse comparative, visant à juxtaposer et à confronter des réalités dissemblables. L'image que nous présentons ici, laquelle sera revisitée ultérieurement dans les pages subséquentes de ce numéro, capture un aspect auquel le sociologue-photographe est souvent confronté : ce moment où la tangibilité du réel imprègne la démarche analytique. En d'autres termes, cette photographie expose une situation où l'observateur se trouve face à l'inexorable réalité qui transperce le voile des concepts abstraits et des schémas de pensée pour se matérialiser sous une forme visuelle saisissante.

À travers cette investigation visuelle comparative, ce numéro aspire donc à disséquer la complexité des repères visuels qui agissent en tant que médiateurs entre les expériences humaines et leur représentation. En révélant les nuances et les dissonances entre différents milieux sociaux, notre ambition est d'offrir un éclairage sur la façon dont la sociologie visuelle peut rendre manifestes les subtilités et les dynamiques inhérentes à la diversité des réalités sociales, car au cœur de cette entreprise réside la reconnaissance de la nécessité de concilier le contexte concret avec l'analyse abstraite, et d'affronter les complexités de l'interaction entre l'image, le concept et le monde vécu.

Tout d'abord, il est essentiel de noter le contraste marqué entre les configurations spatiales observées dans un supermarché conventionnel et celles qui caractérisent l'agencement des produits au sein de cette banque alimentaire particulière. Contrairement à l'organisation méthodique et ordonnée des produits sur les étagères du supermarché, où les articles sont soigneusement alignés et regroupés selon des catégories bien définies, la disposition au sein de la banque alimentaire diffère sensiblement : les produits semblent être disposés sans ordre apparent, dans un agencement informel où les emplacements ne suivent pas de structure précise. Cette juxtaposition visuelle interpelle l'observateur, mettant en avant la divergence entre ces deux environnements en termes d'organisation et d'accessibilité.

Dans le contexte de la banque alimentaire, cette disposition non structurée peut s'avérer fonctionnelle pour les bénéficiaires qui doivent rapidement identifier les articles qui répondent à leurs besoins spécifiques. Nécessitant ainsi de parcourir l'ensemble des tables, ces individus doivent opérer des choix parmi une gamme variée de produits, tout en tenant compte du fait que d'autres bénéficiaires, également en quête de denrées, se trouvent derrière eux, engagés dans la même démarche. Cette dynamique concrète souligne les réalités pratiques et les contraintes auxquelles sont confrontés les bénéficiaires de la banque alimentaire. La disposition désordonnée, qui peut apparaître anodine au premier abord, acquiert alors une signification sociologique profonde en tant que reflet des interactions humaines et des stratégies adoptées pour naviguer dans cet espace particulier.

Le vécu de la banque alimentaire se distingue radicalement pour le sociologue en comparaison de l'expérience du bénéficiaire. Pour l'observateur engagé dans une démarche de sociologie visuelle, cette immersion dans le milieu de la banque alimentaire procure une perspective enrichie et nuancée. En effet, la sociologie visuelle s'érige en une approche ancrée dans la réalité tangible, une discipline qui implique une immersion de terrain. Dans ce contexte, elle s'émancipe de l'abstraction théorique pour engager une analyse en profondeur des interactions humaines, des dynamiques spatiales et des réalités sociales concrètes. Ainsi, cette pratique reflète une forme de sociologie au niveau le plus élémentaire, une forme qui émerge de l'observation minutieuse et de l'engagement direct avec le terrain étudié.

En somme, cette observation comparative des espaces du supermarché et de la banque alimentaire met en lumière le caractère profondément contextualisé de la sociologie visuelle. L'organisation spatiale irrégulière au sein de la banque alimentaire soulève des questions fondamentales sur la navigation, la distribution des ressources et les interactions entre individus, offrant ainsi un exemple concret de la manière dont cette approche peut apporter une profondeur d'analyse aux dynamiques sociales.

Notions utilisées dans ce numéro

Cette section du numéro visite deux lieux fort différenciés, un marché public et une banque alimentaire, et le schéma de la page suivante reprend les notions ci-dessous abordées dans le premier numéro de *Sociologie Visuelle*, dans le but de démontrer comment ces notions permettent d'analyser sociologiquement certains phénomènes sociaux. Ce schéma synthétise l'ensemble de l'article.

Donc, une fonction fédératrice pour ces deux territoires visuels : se nourrir. Alors que le territoire visuel du marché public est celui de l'abondance, celui de la banque alimentaire est celui de l'indigence. De là, deux réseaux visuels où l'un signale la favorisation et une position enviable sur le gradient social, tandis que l'autre signale la défavorisation et le déclassement social — le réseau visuel de la défavorisation est celui qui, dans nos sociétés d'abondance, est quasi invisible, celui que le réseau visuel de la favorisation occulte en quelque sorte. Dans un marché public, tout le parcours visuel s'articule autour de la notion du plaisir de manger à travers une expérience client gustative. Dans une banque alimentaire, tout le parcours visuel s'articule autour de la notion de sustentation, c'est-à-dire combler un besoin aussi élémentaire que celui de se nourrir. Conséquemment, les repères visuels de chacun de ces deux territoires visuels s'organisent, se structurent et se déploient différemment en fonction de la clientèle visée.

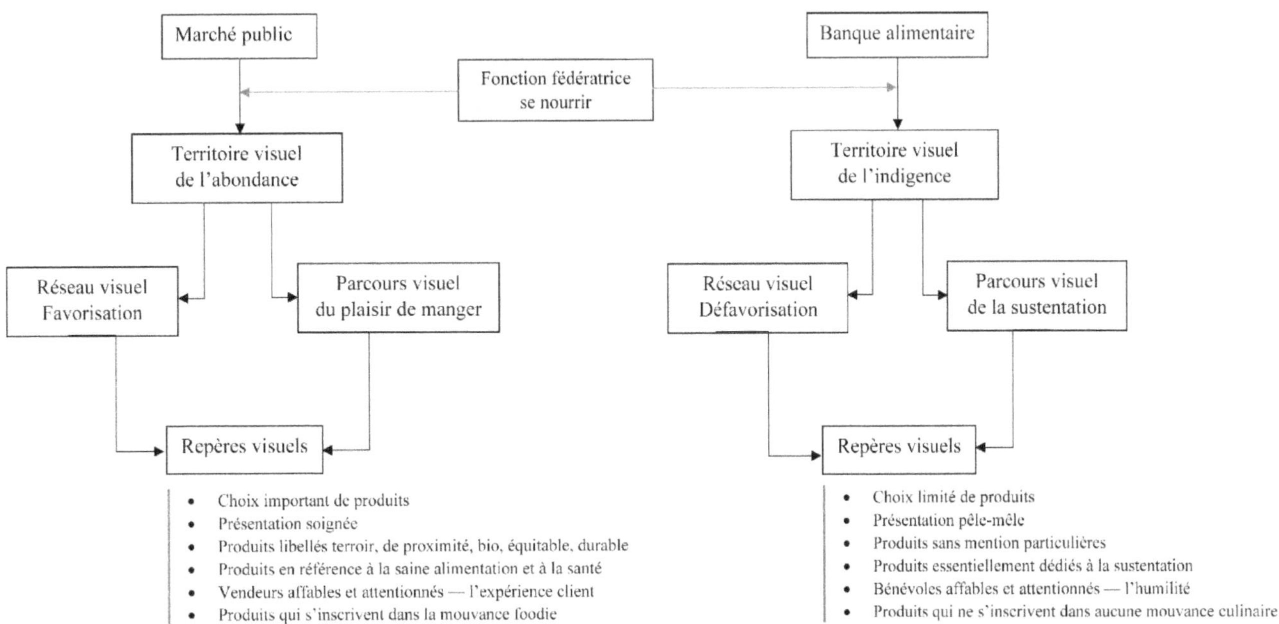

Territoire visuel — **1**◊ Un territoire visuel est avant tout géographiquement délimité : en milieu urbain, il correspond généralement à un quartier ; en milieu rural il regroupe des aires aux propriétés et caractéristiques similaires. **2**◊ Un territoire visuel est essentiellement composé de réseaux visuels (le social et le sociétal ; l'intangible) et de parcours visuels (l'espace et le territoire ; le tangible). **3**◊ Un territoire visuel se positionne par rapport à l'espace territorial global sous forme de filtres superposés spécifiques et généraux, inclusifs ou exclusifs. **4**◊ Un territoire visuel est socialement identifiable et décodable par ceux qui l'habitent : les passés historiques des quartiers ou des milieux ruraux, les résidus de ces passés, les images que s'en construisent les habitants et les étrangers.

Repère visuel — **1**◊ Un repère visuel est constitué d'un ensemble de caractéristiques visuelles qui le différencie de tous les autres repères visuels. **2**◊ Un repère visuel normalise nos comportements, nos conduites, nos jugements, nos attitudes, nos opinions, nos croyances et différencie ce qu'il convient de faire par rapport à la norme dominante.

Réseau visuel — Ensemble des repères visuels propres à certains réseaux sociaux — culturel, religieux, politique, financier, commercial, judiciaire, éducatif — permettant leur identification et leur localisation dans le but de déclencher une action.

Parcours visuel — **1**◊ ensemble des repères visuels désignant un lieu — espace circonscrit — où l'individu se déplace en suivant une direction plus ou moins déterminée dans le but d'accomplir une action. **2**◊ Les parcours visuels, en fonction du lieu où ces derniers s'inscrivent, forment aussi des parcours sociaux pour certaines classes sociales et déterminent d'autant des attitudes et des comportements.

1

PLAN RAPPROCHÉ

À propos de la sociologie visuelle

Simon LANGLOIS[1]

Citer cet article
Langlois, S. (2023 [2020]), « À propos de la sociologie visuelle », *Sociologie Visuelle*, n° 2, Pierre Fraser et Georges Vignaux (éds.), Québec : Photo|Société, pp. 13-14.

Affiliations

1 Université Laval, professeur émérite

Résumé. — On doit à Howard Becker[1-2] plusieurs travaux fondateurs en sociologie visuelle, champ de la sociologie qui est en train d'acquérir ses lettres de noblesse et la reconnaissance de sa spécificité. Ainsi, la revue *L'Année sociologique* a-t-elle lancé un appel à contribution sur cette thématique et la rédaction a reçu pas moins de 40 textes soumis, alors que normalement un tel appel suscite une quinzaine de propositions. Les jeunes sociologues et la relève dans la discipline s'intéressent aux images. Deux types de recherches sont visés dans ce champ de la sociologie visuelle, soit la sociologie **sur** les images, et surtout, la sociologie **avec** les images. Autrement dit, l'image est un objet de recherche — ce qui est bien connu depuis les travaux classiques de Bourdieu[3] sur les usages de la photographie, ou ceux de Goffman sur la ritualisation de la féminité dans la publicité que je fais lire aux étudiants inscrits à l'un de mes cours —, mais elle est aussi de plus en plus un outil de recherche, une méthode d'observation et un mode de restitution de résultats d'enquêtes.

Mots-clés. — Photographie ; sociologie avec les images ; sociologie sur les images ; sociologie visuelle.

---

[1] Becker, Howard (1974), « Photography and sociology », *Studies in the anthropology of visual communication*, vol. 1, p. 3-26.

[2] Becker, Howard (2007), « Les photographies disent-elles la vérité ? », *Ethnologie française*, vol. 37 p. 33-42.

[3] Bourdieu, Pierre (1965), *Un art moyen. Essai sur les usages de la photographie*, Paris : Éditions de Minuit.

En 2015, lors d'un voyage pour assister à un colloque de l'Association européenne de sociologie à Tartu en Estonie, j'ai visité la « Grey House », morne édifice gris du centre-ville dans lequel l'occupant soviétique a torturé et massacré dans les années 1950 des centaines de citoyens locaux, résistants et opposants au régime en place. L'Estonie a ainsi perdu le quart de sa population lors de l'occupation allemande (1939-

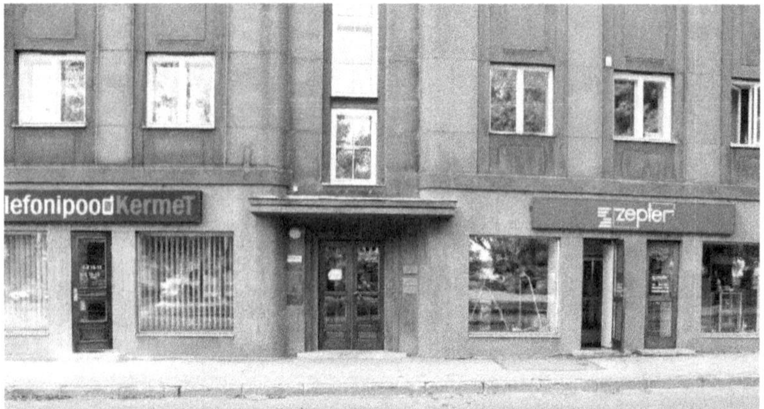

1945) et russe, par la suite. La visite des lieux est émouvante car ils sont restés tels quels après le départ précipité de l'occupant soviétique. Mais ce qui m'a aussi frappé, c'est l'usage du rez-de-chaussée de l'édifice, dont les locaux ont été convertis en magasins d'aspirateur et en bureau d'une agence de voyages. La photo de cette « maison grise » illustre à elle seule la profonde mutation de ce pays balte et sa traversée d'un demi-siècle douloureux, passé d'un régime totalitaire sanglant à la société de consommation telle qu'elle s'est imposée partout sur la planète.

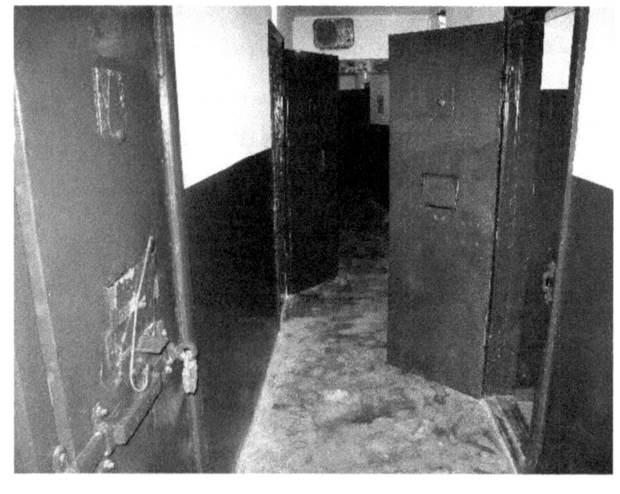

Après la chute du régime et le retour à l'indépendance au début de 1990, l'édifice lugubre a été transformé en immeuble à appartements, mais on a conservé au sous-sol les cachots, salles de torture et salles d'exécution, ouverts au public pour préserver la mémoire de ces temps difficiles. Les clichés précédents illustrent la triple vocation contemporaine de l'ancienne maison grise, devenue lieu d'habitat urbain, lieu de mémoire (au sens donné à ce terme par l'historien Pierre Nora), mais aussi lieu commercial. Voilà bien trois fonctions sociales qui cohabitent en ville, mais il est rare de les voir se côtoyer dans le même édifice.

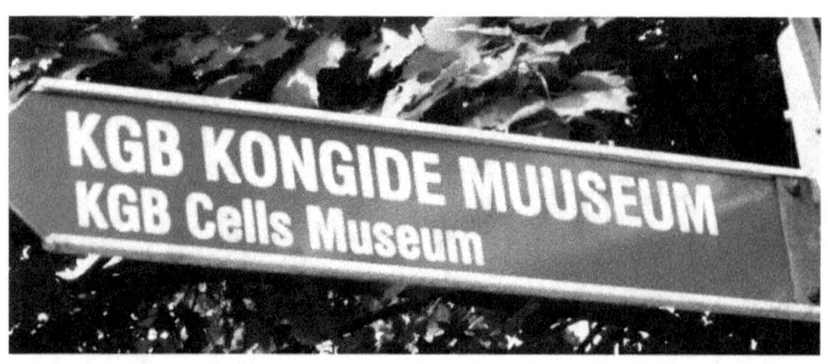

L'image est donc une donnée de terrain au même titre que l'entretien, le document d'archive, le questionnaire ou la donnée statistique. « Les faits ne parlent pas d'eux-mêmes » enseigne-t-on dans nos cours et il en va de même pour les images qui exigent un travail de construction de la part du chercheur[4]. L'image est aussi un mode d'écriture dans la sociologie visuelle, car elle fait partie de l'argumentation scientifique, tout comme la donnée empirique classique en appui au diagnostic du sociologue. L'image donne sens à une interprétation et elle peut être considérée comme n'importe quelle autre donnée validée dans un énoncé scientifique. La sociologie d'un phénomène social se fait aussi avec l'image.

---

[4] Stanczak, G. C. (2007), « Image, Society and Representation », *Visual Research Methods*, Los Angeles : Sage.

Pourquoi le plan rapproché ?

Georges VIGNAUX[1]

Affiliations

1 CNRS, directeur de recherche honoraire

Résumé. — Le concept du plan rapproché, en tant qu'élément fondamental de la composition photographique, revêt une importance capitale dans la manière dont une scène est présentée au spectateur. Cette approche photographique repose sur le principe de rapprocher les sujets du cadre, permettant ainsi au spectateur d'entrer dans l'intimité visuelle de la scène. Cette proximité permet d'appréhender avec une acuité remarquable les détails et les nuances et les éléments environnants présents dans la composition. L'effet obtenu grâce au plan rapproché transcende la simple observation pour plonger le spectateur au cœur même de l'action, suscitant une connexion émotionnelle et cognitive avec les protagonistes de la scène.

Mots-clés. — Photographie ; plan rapproché ; repères visuels.

D‘un point de vue conceptuel, l'application du plan rapproché s'inscrit dans le domaine plus vaste de la sociologie visuelle, c'est-à-dire décrypter les significations et les dynamiques sociales à travers l'analyse minutieuse des éléments visuels présents dans une image. On peut donc dire que le plan rapproché en sociologie visuelle est bien plus qu'une technique photographique, puisqu'il représente un outil analytique qui vise à révéler les repères visuels constitutifs de l'image et à comprendre comment ces derniers interagissent pour créer un réseau complexe de sens. En effet, chaque détail, chaque élément cadré dans le plan rapproché devient un indice potentiellement chargé de significations. Les regards, les gestes, les objets et les environnements visibles dans le plan rapproché sont autant d'éléments qui entrent en dialogue pour façonner une narration visuelle riche en implications sociales et culturelles. En d'autres mots, la photo qui est prise aujourd'hui, dans quelques années, deviendra une véritable capsule temporelle enchâssant les valeurs sociales de ladite époque ; elle encapsule le social.

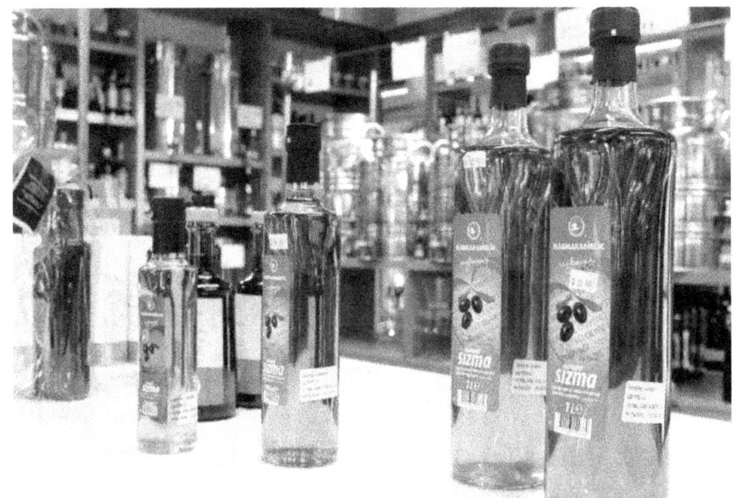

Par exemple, ces bouteilles d'huile d'olive transcendent leur simple rôle d'objets de consommation pour devenir des artefacts symboliques qui révèlent des couches profondes de signification économique et culturelle. Bien au-delà de leur fonction d'évoquer l'idée d'une « bonne huile » essentielle à la préparation culinaire, ces flacons reflètent une complexité contextuelle qui trouve ses racines dans les sphères socio-économiques et culturelles. En effet, leur prix marqué de 18,99 $ par litre se profile comme un élément saillant qui s'érige en barrière économique, limitant d'autant leur accessibilité à un segment de la population qui jouit de ressources financières substantielles. Cette dimension économique s'entrelace avec le discours de la saine alimentation associé à l'huile d'olive, dévoilant une dynamique où l'adhésion à cette conception diététique apparaît largement dépendante des ressources financières disponibles.

De surcroît, l'importance accordée à la provenance de cette huile d'olive imprègne le produit d'une aura de qualité supérieure, renforçant son attrait pour un public ciblé. La perception de cette huile comme un produit d'importation est empreinte de connotations de sophistication et d'exclusivité, distançant ainsi cette variété des autres huiles d'olive commodément disponibles en supermarché et commercialisées à 8,00 $ le litre. Cette distinction, répercutée par la provenance et le prix, façonne l'identité de la bouteille d'huile d'olive, la hissant au statut de produit haut de gamme, c'est-à-dire que les repères visuels qui la constituent, à savoir le prix exorbitant et la provenance étrangère, fusionnent pour façonner une image qui incarne une forme particulière de raffinement gastronomique et de distinction sociale.

Ces bouteilles d'huile d'olive exemplifient non seulement le concept de plan rapproché en sociologie visuelle, mais il dévoile également la façon dont les repères visuels s'entrecroisent pour engendrer une signification multiforme. Au-delà de la simple capture photographique, le plan rapproché ici dévoile des strates profondes de sens économique et culturel et démontre que chaque image, même en apparence anodine, peut être considérée comme une composition complexe de signes qui participent à la construction de discours sociétaux et culturels, tout en illustrant la puissance de la sociologie visuelle dans le décryptage de ces discours.

En somme, le plan rapproché photographique ne se limite pas à une simple technique esthétique, mais s'étend à une dimension profondément analytique au sein de la sociologie visuelle, car l'objectif sous-jacent est bien de mettre en évidence les repères visuels qui, lorsqu'ils sont capturés avec minutie et intention, convergent pour constituer des schémas complexes de signification. Le spectateur est ainsi invité à devenir non seulement un observateur, mais aussi un interprète actif, décryptant les indices visuels offerts par le plan rapproché pour accéder à des couches plus profondes de compréhension sociale et culturelle.

Les clichés du photographe canadien Matt Van der Velde rendent non seulement compte d'un passé pas si lointain où on internait les gens souffrant de maladies mentales, mais que l'on disait aussi à l'époque souffrir de folie. Michel Foucault a bien montré que la folie a tout d'abord été reconnue comme maladie de l'âme, puis avec Freud, comme maladie mentale. Finalement, le statut de fou est passé de celui d'un individu occupant une place socialement acceptée à celui d'un exclu, enfermé et confiné entre quatre murs. Et c'est justement ce confinement que montre le photographe Matt Van der Velde dans son périple à travers toute l'Amérique du Nord qui ouvre une lucarne sur ces sombres lieux autrefois quasi secrets, isolés de la société auxquels seuls les fous, les médecins, les infirmières et les employés avaient accès. Le simple fait de regarder ces photos, aujourd'hui, donnent froid dans le dos, ne serait-ce que par l'abandon qu'elles suggèrent ou en s'imaginant ce qu'a pu être la vie des patients de ces établissements. Ces photos sont littéralement une plongée en apnée dans le contrôle social de la folie désormais passée sous le magistère de la maladie mentale.

Plan rapproché sur Kyoto

Valérie HARVEY[1]

Citer cet article
Harvey, V. (2023 [2020]), « Plan rapproché sur Kyoto », *Sociologie Visuelle*, n° 2, Pierre Fraser et Georges Vignaux (éds.), Québec : Photo|Société, pp. 19-29.

Affiliations

1 Sociologue (PhD) en résidence sur les ondes d'ICI Radio-Canada Première à l'émission *Ça prend un village*.

Résumé. — Les caractères de la ville de Kyoto 京都 signifient la *capitale des capitales*. En 1895, on y construisait un magnifique sanctuaire dédié aux 1100e années passées depuis sa fondation. Lorsqu'on visite aujourd'hui le Heian-jingu, on peut faire le calcul : en 2016, Kyoto fêtait son 1221e anniversaire. Au cours de cette longue histoire, la ville a vu passer de nombreuses ères. Elle a été maintes fois incendiée, reconstruite, pillée, pratiquement abandonnée, puis reprise en main par les shoguns qui l'enrichirent de plusieurs beautés, devenues aujourd'hui patrimoines mondiaux de l'humanité. Même si elle perdit officiellement son statut de capitale en 1868, Kyoto reste le symbole de la culture japonaise et c'est ce qui fit hésiter les États-Unis lorsque leurs avions meurtriers armés de bombes nucléaires survolèrent le Japon en quête d'un lieu à frapper. Cet article explorera brièvement l'organisation actuelle de cette cité de 1,5 million d'habitants, 9e ville d'importance du Japon, et la façon dont les Kyotoïtes l'habite aujourd'hui.

Mots-clés. — Kyoto ; Japon ; sociologie visuelle.

Située au cœur du Kansai, appellation qui désigne le sud-ouest japonais, Kyoto est à 500 kilomètres de la capitale, Tokyo. Ce qui signifie une nuit d'autobus ou deux heures quinze de shinkansen, le TGV japonais, sur la route millénaire du Tōkaidō, le « chemin de la mer de l'est ». Blottie au cœur d'une vallée, la ville est un « château-fort de montagnes » selon les mots de son fondateur, l'empereur Kammu, c'est-à-dire qu'elle est bien protégée par les des monts au nord, à l'est et à l'ouest. Appuyés sur ces contreforts, on trouve les plus beaux des 2 000 temples de la cité. Deux rivières majeures

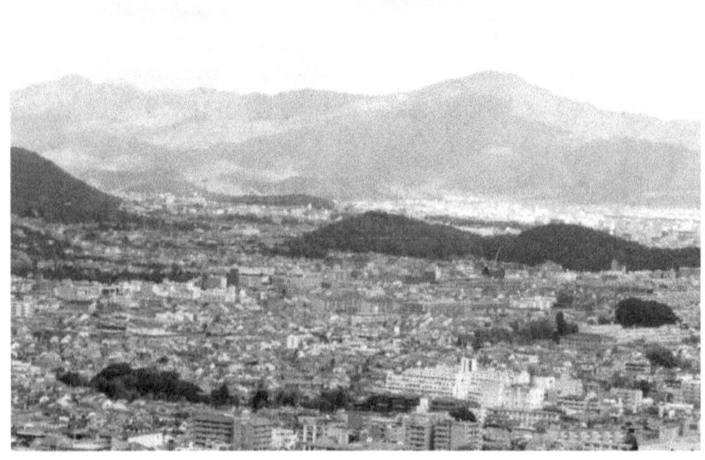

traversent Kyoto : la Katsura-gawa à l'ouest et la Kamogawa à l'est. Elles se fondent en une seule un peu plus au sud, devenant la Uji-gawa, du nom de la cité où elles convergent. Heian-kyô, comme on l'appela à l'origine, fut construite à partir d'un plan respectant un découpage carré des rues, des marchés, des temples et d'un palais impérial situé au centre nord de la ville, comme cela se faisait dans les villes chinoises de l'époque. La ville s'étendit rapidement au-delà des portes, d'abord vers l'est, puis vers l'ouest. Lors du dernier shogunat (1603-1867), gouvernement militaire, le shogun Ieyasu Tokugawa fit construire le château de Nijō. L'emplacement du château en dit beaucoup sur le pouvoir prédominant exercé par le shogun pendant cette période. En effet, alors que le palais impérial se contente du nord, le château de Nijō est situé en plein centre de la ville. Cette démonstration de pouvoir dans le découpage même de la cité n'est pas que symbolique : lors de la restauration Meiji en 1868, c'est au château de Nijō que le shogun rendit le pouvoir à l'empereur, et c'est à partir de cet endroit central que le souverain tint les premières assises de son gouvernement.

Les grandes artères de Kyoto

▼ Larges trottoirs, deux voies pour les voitures et les autobus,
les artères principales sont faciles d'accès

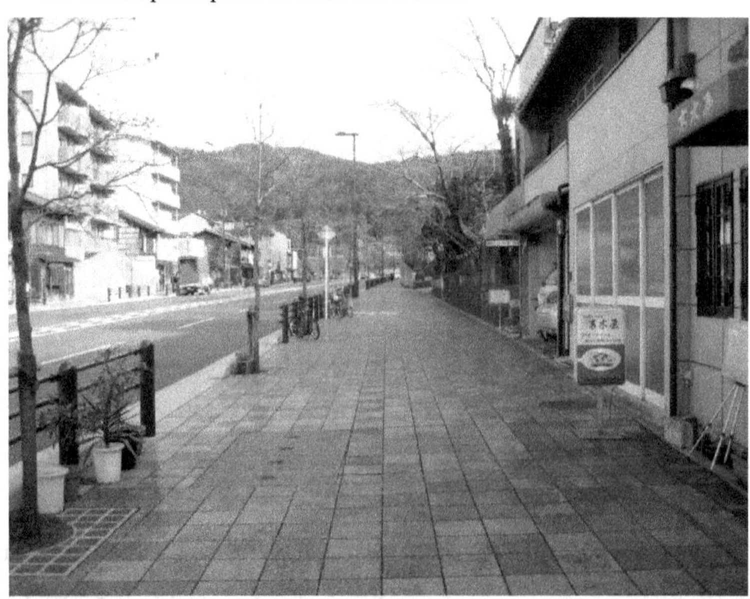

La ville est découpée par de larges artères routières, descendantes des « ōji », ces grandes rues qui faisaient entre 24 et 84 mètres de largeur. Identifiées par des noms de rues lisibles en japonais et en caractères romains pour les touristes, ces « dōri » sont bordées de trottoirs, d'arrêts d'autobus et de feux de circulation pour les voitures et les piétons. Ce peut sembler évident d'en faire la description ainsi, mais, comme nous le verrons plus loin, ces larges artères ne sont pas représentatives de ce que l'on trouve dans le reste de la cité.

D'où l'importance d'en brosser le portrait. C'est principalement sur ces artères que l'on trouve les bâtiments administratifs comme la mairie, les hôpitaux, les universités et les « mansions ». Le mot japonais n'a pas gardé le sens du mot anglais d'où il tire son origine. Les « mansions » ne sont pas des « manoirs », mais plutôt l'équivalent des condos au Québec, c'est-à-dire de petits buildings contenant plusieurs appartements de bonne qualité et qui sont vendus. Les immeubles abritant des « mansions » à Kyoto ne sont pas très hauts, contrairement à ce qu'on peut trouver dans les autres villes du pays. Tokyo, Osaka ou Sapporo par exemple n'hésitent pas à construire des gratte-ciels multipliant les étages hébergeant de multiples entreprises et « mansions ». La municipalité de Kyoto a légiféré pour éviter que le paysage urbain soit envahi par les tours, limitant dès 1973 la hauteur maximale des constructions sur les grandes artères à 45 mètres, puis diminuant encore cette limite en 2003 à 31 mètres.

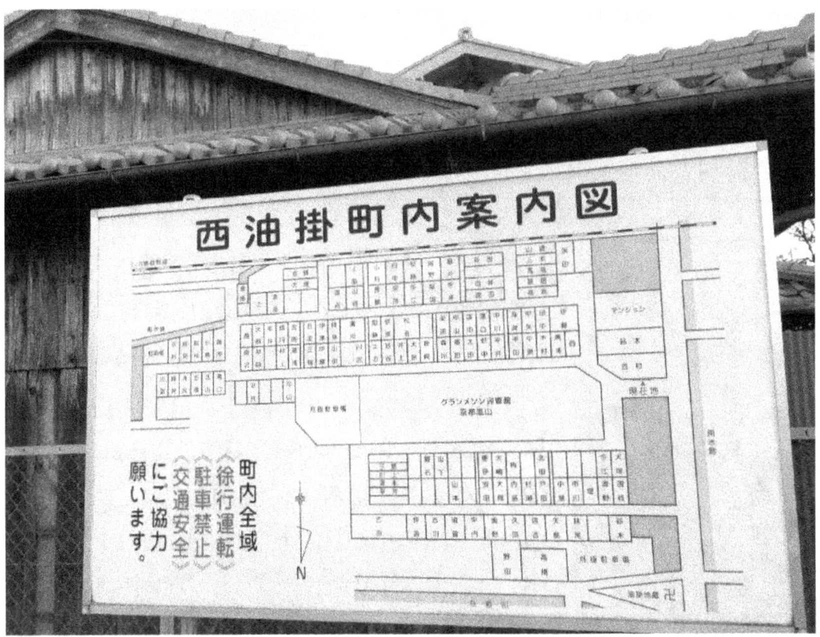

Les grandes artères sont les seules à posséder un nom et à l'indiquer clairement. Dès que l'on s'engage dans l'une des nombreuses petites rues qui les bordent, on tombe dans un autre monde et on entre alors dans le véritable Kyoto : un labyrinthe de rues très étroites qui se tortillent dans tous les sens. La ville est divisée en arrondissements (-ku), puis en quartiers (-cho), pour finalement être fractionnée en quadrilatères. Pour donner un aperçu de la complexité de l'enchevêtrement des rues de Kyoto, il faut savoir que le facteur distribuant le courrier six jours par semaine connaît tous les noms des propriétaires du quartier. Cela est nécessaire s'il veut être en mesure de délivrer les paquets dans les temps, l'une des fiertés du pays. De même, un restaurant qui livre à domicile peut garantir un service en 30 minutes. Parions que si vous habitez un quartier moins fréquenté, la moto du livreur de pizza arrivera en 35 minutes, le temps qu'il trouve où se situe exactement votre résidence. Il communiquera son échec à la compagnie et, 20 minutes plus tard, un second livreur vous amènera une pizza gratuite ! On ne badine pas avec les engagements au Japon…

Pour simplifier la vie du facteur, du livreur et des visiteurs, les quadrilatères installent parfois des tableaux où les terrains sont indiqués avec le nom de la famille de l'occupant. Kyoto n'offre donc pas le même anonymat au résident que les villes occidentales. Car si vous habitez un lieu, votre nom est inscrit sur ce tableau du quartier, mais également sur une affichette à l'entrée de votre maison. Lorsqu'un Japonais invite quelqu'un chez lui, il ne communiquera pas son adresse. Il optera plutôt pour un lieu facile à trouver : la gare ou le temple le plus près. Une heure sera convenue (et des numéros de cellulaire échangés au cas où le rendez-vous serait retardé) et c'est là qu'il rejoindra son invité pour le ramener à la maison. Le chemin est trop difficile à décrire, même pour les Kyotoïtes.

Les rues résidentielles de Kyoto peuvent faire entre 3 et 4 mètres de largeur, ce qui rend le déplacement des voitures dans ces dernières assez difficiles. Elles ne portent aucun nom et ne suivent pas un plan carré, pouvant contourner une rivière ou un temple, ou simplement être coupée par le passage d'une ligne de train. On y trouve des « mansions », mais surtout des maisons de deux ou trois étages, construites pour tenir debout environ 25 ans. Lorsqu'une famille déménage sur un terrain, la maison précédente sera souvent démolie pour être reconstruite à neuf. Il y a un peu de superstition dans cette pratique et beaucoup de prudence : les matériaux n'étant pas faits pour durer, on préfère reconstruire pour s'assurer de la solidité du bâtiment, particulièrement dans un pays où les tremblements de terre sont fréquents.

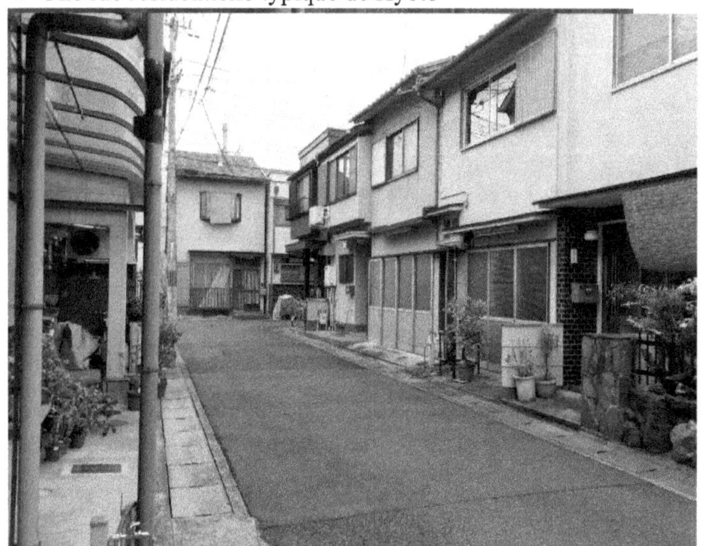

▼ Une rue résidentielle typique de Kyoto

Un des problèmes importants des rues résidentielles de Kyoto, outre de s'y retrouver, est la cohabitation entre les piétons, les cyclistes, les motocyclistes, les voitures et les petites camionnettes de type livraison (comme celles qui passent recueillir les ordures et les sacs de récupération). Au contraire des grandes artères et de ses larges trottoirs, l'espace de ces rues étroites n'est pas assez large pour installer un trottoir. Les enfants y circulent donc en collant la gauche (la circulation s'effectuant comme au Royaume-Uni, et non pas comme au Canada). Pour prévenir les accidents, on place des affiches un peu partout indiquant « Réduisez votre vitesse, il y a des enfants ! » ou encore on pose le dessin d'un petit enfant pour rappeler aux chauffeurs d'être prudents.

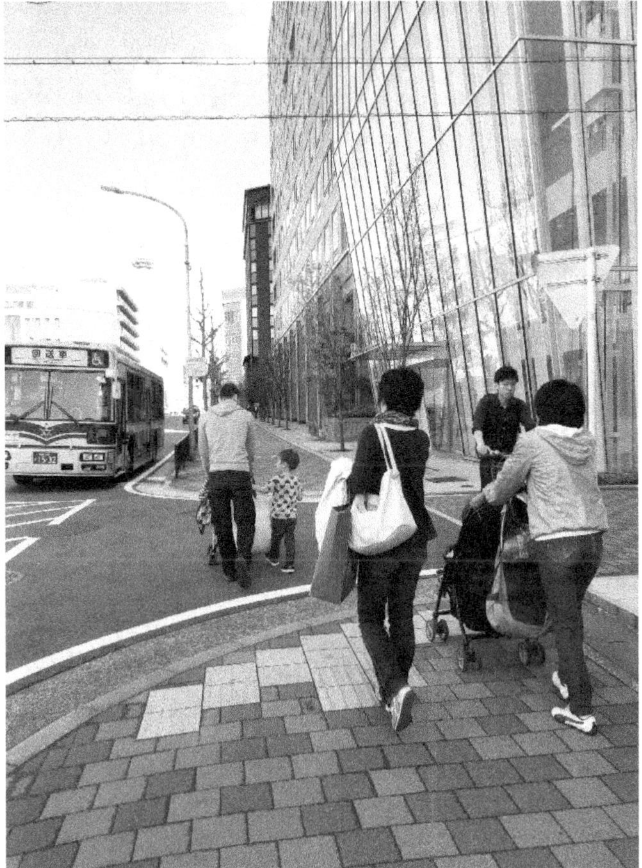

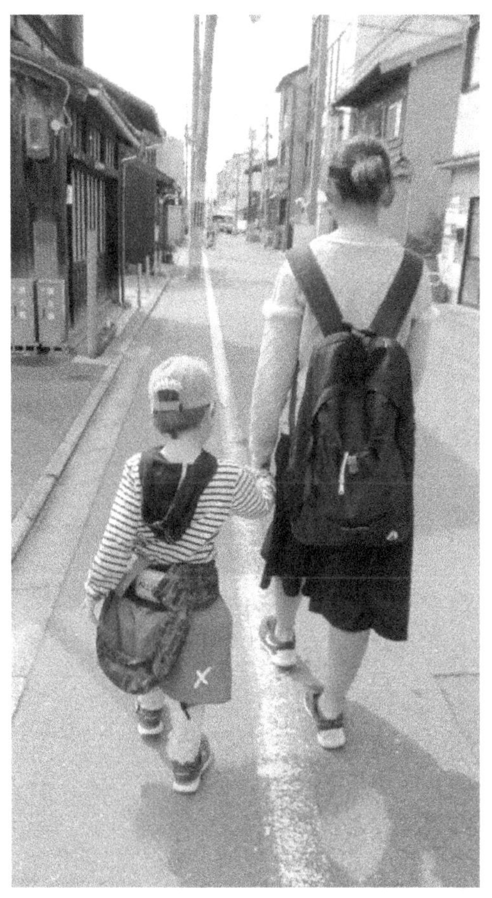

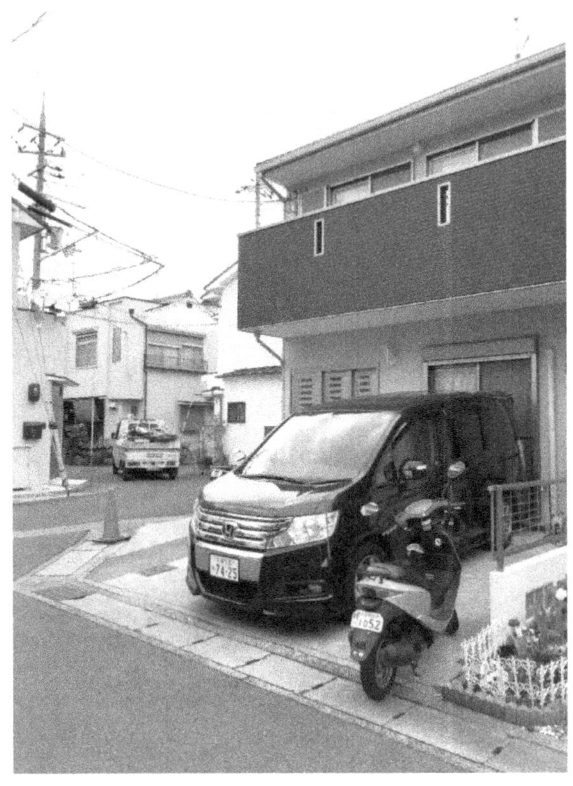

Si les Kyotoïtes se faisaient auparavant une fierté d'avoir un jardin ou un arbre à l'entrée de leur maison, de plus en plus d'entre eux préfèrent désormais laisser place au stationnement. En fait, le problème est lié à l'étroitesse des rues et l'absence de stationnement. À Kyoto, pour obtenir l'autorisation d'acheter une voiture, il est nécessaire de prouver qu'un lieu sera disponible pour la stationner. Deux possibilités sont alors offertes au nouveau propriétaire du véhicule : un parking collectif qui peut coûter jusqu'à 1000 $ par mois ou alors un stationnement privé sur le terrain de sa résidence. Les « mansions » offrent généralement un stationnement souterrain à leurs propriétaires. Mais pour les maisons, les terrains n'étant pas très grands, prévoir un emplacement pour y mettre une voiture force à réduire d'autant plus l'espace disponible pour la résidence. L'utilisation de la voiture est également complexe puisque plusieurs magasins et restaurants n'offrent aucun stationnement (et il est interdit de s'arrêter sur la rue). Ce qui explique sans doute que les Kyotoïtes sont peu nombreux à conduire et que les transports en commun sont bien développés. En plus du réseau d'autobus qui parcourt les grandes artères, la ville est traversée du nord au sud et de l'est à l'ouest par un métro. S'y ajoute un tramway (le Keifuku) et cinq lignes de trains (JR, Hankyu, Kintetsu, Keihan et Eizan). Au contraire de Tokyo et Osaka, les bicyclettes sont admises sur les trottoirs, devenant donc un des moyens privilégiés de déplacement dans cette ville bâtie sur un plateau dans le creux des montagnes et présentant peu de pentes.

L'intimité à Kyoto

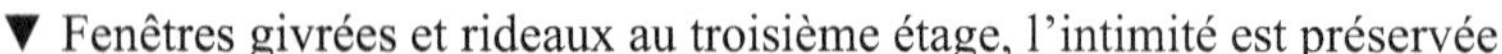
▼ Fenêtres givrées et rideaux au troisième étage, l'intimité est préservée

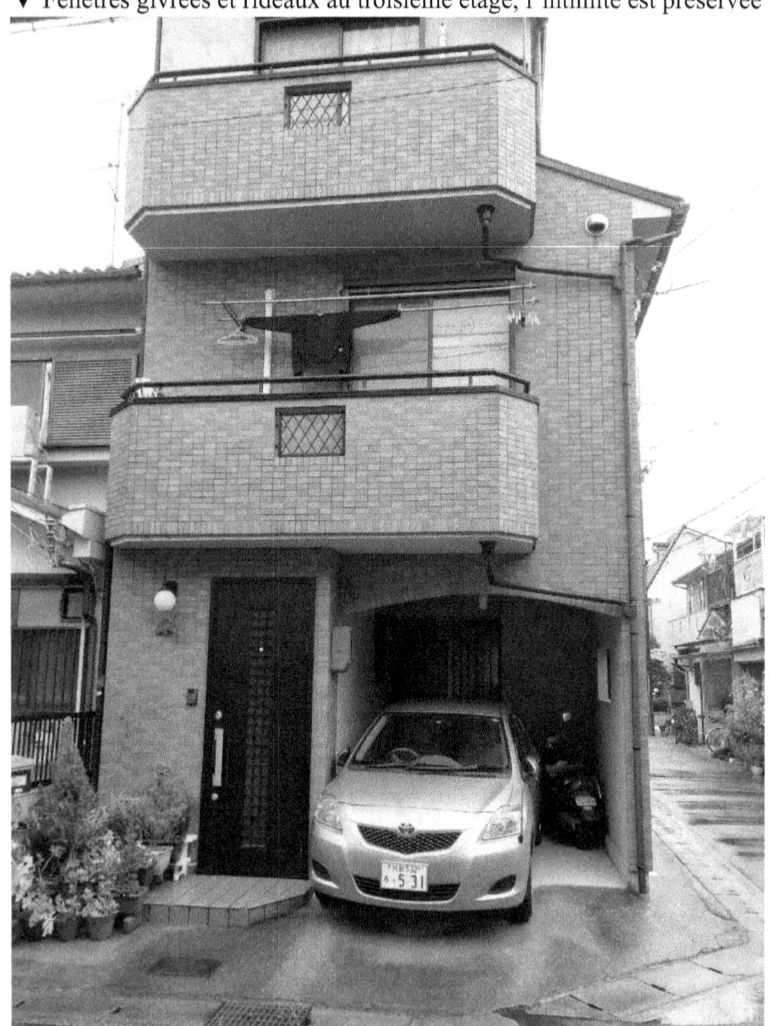

Comme nous l'avons expliqué précédemment, il est difficile de rester anonyme dans une ville qui affiche le nom du propriétaire sur un tableau à l'entrée du quartier. Le rapport à l'intimité est également bien différent que celui à lequel nous sommes habitués au Québec. En effet, les critères d'un futur acheteur québécois dans le choix d'une maison ou d'un appartement sont en partie liés à l'intimité. Au Québec les vendeurs vantent l'insonorisation de la construction et la grande luminosité grâce à la fenestration, faisant de ces caractéristiques des marques de la qualité d'un logis; à Kyoto, on n'en fait même pas mention. Il faut peut-être explorer les habitudes québécoises à travers le regard d'un Québécois d'adoption pour comprendre à quel point notre rapport avec l'extérieur est primordial : « Il m'arrivait, au tout début de mon séjour, de m'asseoir sur un banc public pour regarder les gens passer d'une pièce à une autre dans leur maison. Ce n'était pas du voyeurisme. J'étais si étonné d'une telle transparence [...] Moi qui venais d'un pays où ce qui se passe à l'intérieur ne doit jamais se retrouver à l'extérieur, j'étais ahuri. »

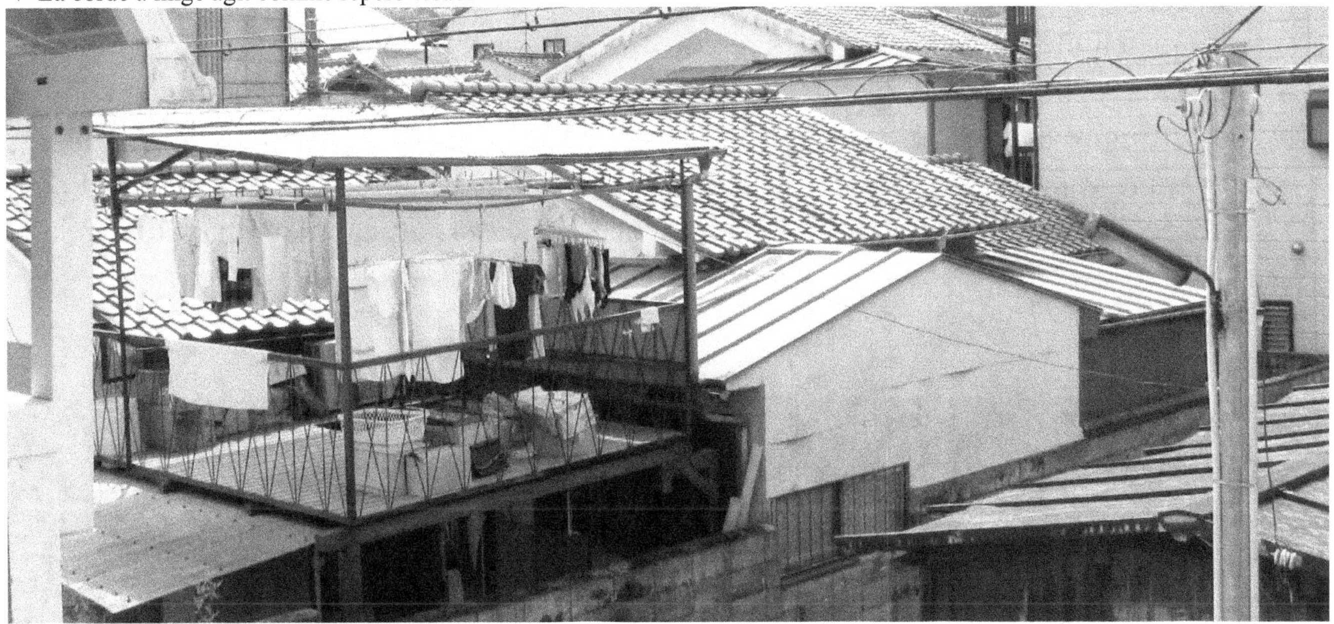

Alors que les cordes à linge, au Québec, disparaissent des appartements et maisons, les balcons japonais en disent beaucoup sur leurs propriétaires : on peut savoir si la personne est en couple, le nombre d'enfants et leur âge, déduire le revenu de la famille en voyant passer quelques vêtements griffés. Finalement, le passage quotidien ou bihebdomadaire des vêtements à l'extérieur nous apprend également comment est tenue la maison. Et cela est discrètement remarqué par les habitants des quartiers résidentiels.

Ce paradoxe entre le regard et le son n'est pas le seul. Si les yeux ne peuvent entrer dans les résidences, ils peuvent toutefois tirer des conclusions selon ce qui est accroché au balcon. Les sécheuses sont très rares à Kyoto et les vêtements sont mis à sécher sur des pôles à l'extérieur. Souvent les futons sont également étendus avec de grosses pinces pour les aérer. À l'instar de ce que décrit Dany Laferrière, le Kyotoïte en visite au Québec aurait lui aussi tout une surprise puisque son rapport avec l'extérieur est tout autre : les fenêtres sont givrées et l'insonorisation est absente. C'est donc dire qu'il est impossible de voir l'extérieur à moins d'ouvrir la fenêtre. Si ce n'est pas une vitre givrée, ce sera de lourds rideaux ou des volets qui permettront aux habitants de fermer leur espace aux regards extérieurs. À Kyoto, il n'y aucun moyen de voir l'intérieur, ce qui donne une impression d'intimité étonnante. Paradoxalement, il n'y aucune barrière pour le son qui passe remarquablement bien à travers les murs peu isolés des maisons. Si le regard est privé, le discours est public. D'où l'habitude de parler sans élever la voix, ce que les mères apprennent très tôt aux enfants à faire. Cette façon de parler s'observe ensuite partout dans les transports en commun ou dans les files d'attente : les Japonais communiquent à voix basse. S'exprimer à voix haute est un manque de respect dans la culture japonaise. Et cela s'apprend très tôt, à la maison.

À Kyoto, l'anonymat est impossible, alors que l'intimité est vécue bien différemment. Cette proximité est nécessaire : les réseaux de nettoyage du quartier viennent vite solliciter le nouveau propriétaire qui doit s'impliquer dans la vie communautaire de son coin. S'il est impossible de le faire, on fournira quelques yens à une personne disponible qui donnera davantage de temps à la communauté pour combler cette absence. Ainsi aucun membre de la communauté n'est pénalisé par l'absence d'un habitant du quartier.

La pauvreté à Kyoto

▼ Sous les ponts de la Kamogawa, les sans-abris installent des bâches de plastique bleu[5]

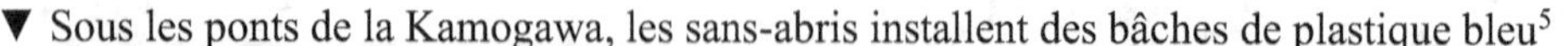

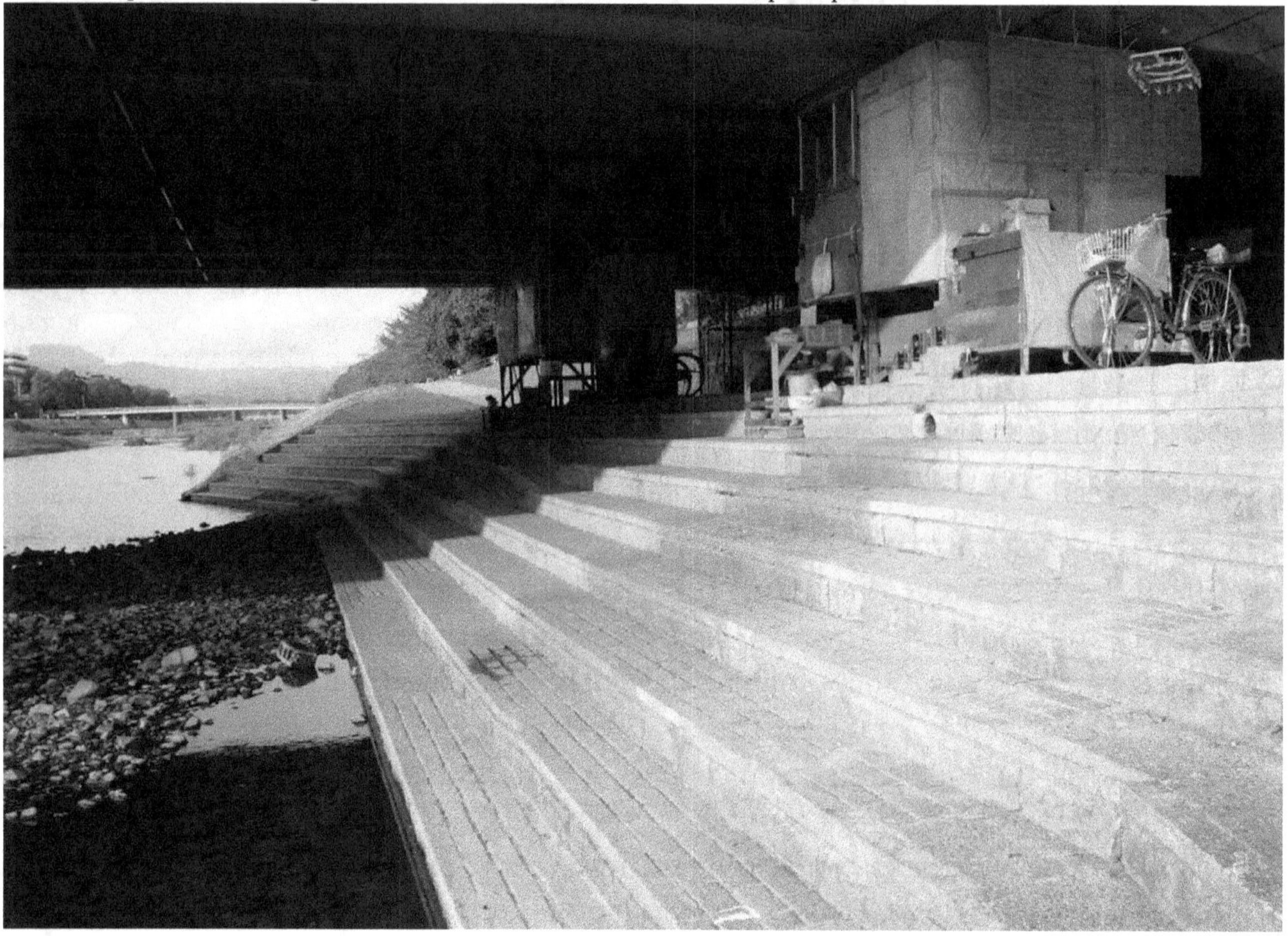

Les rues de Kyoto ne sont pas exemptes de pauvreté. C'est étonnamment sous les ponts qui traversent la rivière Kamogawa que l'on trouve les abris construits avec des toiles de plastique et des boites de cartons. Lieu hautement touristique pendant la floraison des cerisiers, les ponts des rues Shijō-dōri et Sanjō-dōri protègent les sans-abris. Ces derniers, n'ayant pas l'autorisation de mendier, trouvent d'autres moyens pour ramasser quelques sous. Ayant compris bien avant Facebook et Instagram l'amour des passants pour les jolis

---

[5] © Alamy Stock Photo.

minois des chatons, ils installent les chats apprivoisés dans des paniers et invitent lés amoureux des félins à laisser quelques sous contre caresses.

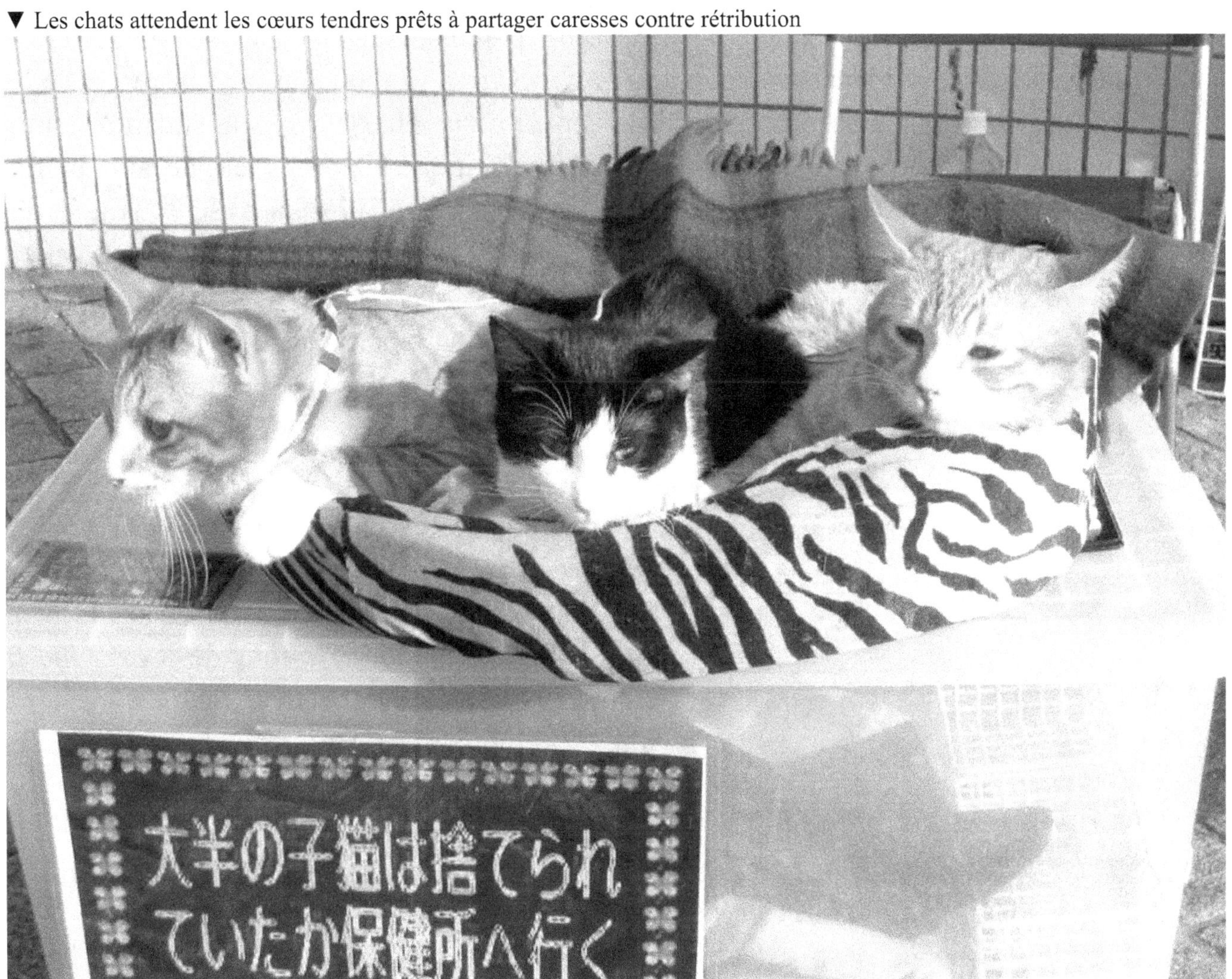

Sans être sans-abri, la population qui ne peut s'offrir une maison ou une « mansion » devra louer un appartement ou une chambre. Le loyer est très coûteux dans la vieille capitale : un appartement d'une pièce avec cuisinette et salle de bain minuscule (75 mètres carrés) oscille entre 800 et 1 000 dollars canadiens par mois, sans le gaz, ni eau ni l'électricité. De plus, il faut payer une caution (shikikin) à la signature du bail qui équivaut à deux mois de loyer. Cette caution, qui devrait être rendue lorsque le locataire quitte l'appartement, n'est dans les faits pas souvent retournée. De plus, la tradition oblige également le nouveau locataire à payer un reikin, c'est-à-dire un cadeau au propriétaire pour le remercier de l'accueillir dans son habitation. Ce reikin vaut lui aussi un mois de loyer, parfois deux dans certains lieux plus prisés. Plusieurs optent donc pour une chambre sans salle de bain (il faudra fréquenter les bains publics), avec cuisinette partagée. Ou encore ils louent un appartement en banlieue de Kyoto, le quartier de Yamashina, de l'autre côté des montagnes de l'est, ou encore la ville voisine de Kameoka, passée les montagnes de l'ouest, qui offrent de meilleurs prix. Mais il faudra alors prendre le train plus longtemps pour se rendre travailler ou étudier. Et comme le coût du transport en commun se calcule à la distance parcourue, l'avantage de l'éloignement est vite perdu. C'est un casse-tête pour les jeunes qui vivent longtemps chez leurs parents, incapables de se payer un logis. Ils sont parfois surnommés les *célibataires parasites* au Japon, car on leur reproche leur célibat qui contribue ainsi à augmenter la dénatalité japonaise. Mais la situation est évidemment plus nuancée. En 2008, un sondage évaluait que 58 % des femmes non mariées vivaient toujours avec leurs parents, et 44 % des plus âgées (44-49 ans) se trouvaient dans cette situation. Une recherche menée par le National Institute of Population and Social Security Research en 2001 soulignait que les *célibataires parasites* n'avaient tout simplement pas les moyens de s'établir dans une résidence partagée.

La modernité de Kyoto

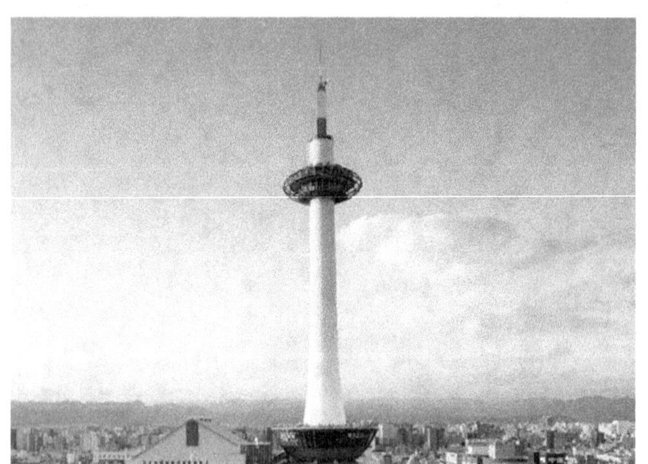

Deux exceptions majeures se font face dans le sud de la ville : la tour de Kyoto et Kyoto-eki, la gare centrale. Construite pour les Jeux Olympiques de 1964, ayant la forme d'une chandelle, la tour de Kyoto mesure 131 mètres. Elle est discernable d'à peu près partout dans la ville : on peut la voir des montagnes d'Arashiyama (à l'ouest), du temple Kiyomizu-dera (à l'est) ou du sanctuaire Kenkun-jinja, au nord de la ville. Visible dès que la sortie de la gare principale, elle est à la fois décriée et admirée. D'une conception très moderne, résistante aux tremblements de terre et à des vents très forts, la tour de Kyoto est là pour rester. La nouvelle gare centrale Kyoto-eki, quant à elle, fut

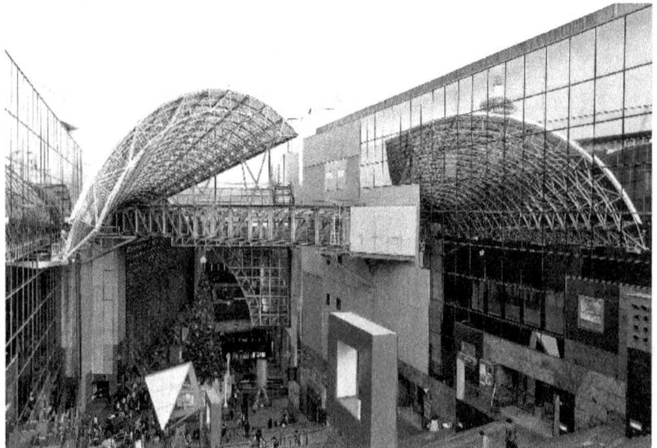

construite pour commémorer le 1 200e anniversaire de la ville. Très large, elle accueille de nombreuses lignes de trains. C'est le point de départ et d'arrivée d'à peu près tous les voyageurs. Ses 15 étages abritent plusieurs centres commerciaux, une chapelle extérieure pour les mariages, des places publiques pour les concerts et des restaurants. L'architecte Hiroshi Hara cherchait à marquer le modernisme de la ville et sa gare est un hommage au futurisme avec ses multiples agencements de verres montés sur des courbes d'acier.

Ces deux structures hors-norme de la vieille capitale semblent aller à l'encontre de l'image traditionnelle que l'on se fait de Kyoto. Pour le touriste occidental, débarquer du shinkansen dans la gare ultramoderne de Kyoto et sortir pour apercevoir cette haute chandelle blanche est presque choquant. Dans les pays occidentaux, il est en effet courant d'opposer la tradition à la modernité. Au Québec tout particulièrement, étant donné le revers qu'ont essuyé les traditions catholiques à la Révolution tranquille, il n'est pas aisé de sortir de cette dualité qui oppose les époques : ce qui a été rejeté contre ce qui se fait présentement. Le Japon toutefois n'a pas vécu une telle cassure entre deux époques. La dernière révolution, celle de l'empereur Meiji en 1868, visait justement à rétablir la tradition en redonnant le pouvoir à la famille impériale ! C'est donc une tout autre dynamique qui anime les architectes japonais lorsque vient le moment de commémorer une date-clé. Évidemment, la gare et la tour de Kyoto ne font pas l'unanimité, même parmi les Japonais, mais elles ne sont pas aussi subversives qu'on se l'imagine. Ce mariage entre tradition et modernité est à l'image de ces Japonaises en kimono qui consultent leur cellulaire ou de ces moines qui mangent les plats traditionnels bouddhistes sur des planchers de tatamis rafraîchis grâce à l'air climatisé. Si les temples et sanctuaires font partie du quotidien de la cité, s'intégrant aux rues pleines de voitures et à la vie des habitants en proposant des garderies ou des marchés aux puces, pourquoi la modernité n'aurait pas elle aussi sa place ?

Plan rapproché sur un navire de croisière

Citer cet article
Vignaux, G. (2023 [2020]), « Plan rapproché sur un navire de croisière », *Sociologie Visuelle*, n° 2, Pierre Fraser et Georges Vignaux (éds.), Québec : Photo|Société, pp. 31-36.

Georges VIGNAUX[1]

Affiliations

1 CNRS, directeur de recherche honoraire.

Résumé. — Il est particulièrement tentant, en sociologie visuelle, de photographier ou de filmer l'exclusion sociale, de voir comment les gens défavorisés vivent, de montrer dans quelle mesure le territoire de la défavorisation conditionne la posture des gens. À l'inverse, la favorisation matérielle et sociale est tout aussi intéressante, sinon plus, car elle met en lumière le comportement d'une multitude de personnes dans les sociétés occidentales, et comme cette condition est peu montrée, sauf à travers des études statistiques, la sociologie visuelle aura tout intérêt à s'y pencher.

Mots-clés. — Exclusion sociale ; favorisation ; navire de croisière.

Une photo révèle beaucoup plus que l'œil ne peut voir : c'est son pendant objectif qui saisit tout ce qui est dans le champ direct de la caméra. La photo de la page suivante a été prise le dimanche 28 septembre 2014 à 10 h du matin, alors que le navire de croisière Aidabella était accosté au port de Québec. L'automne venu, Québec accueille en grand nombre des navires de croisière à cette période de l'année où les feuilles des arbres changent de couleur, offrant un coup d'œil tout à fait particulier sur les côtes depuis le milieu du fleuve St-Laurent. À la première observation, cette photo semble tout à fait banale et ne semble montrer autre chose que des croisiéristes écoutant leur guide, mais il n'en est rien. Lorsque le sociologue est confronté à un plan général, son premier devoir est d'agrandir la photo et de l'examiner dans ses moindres détails. Et cette analyse révèle souvent des choses fort intéressantes. Ce qui doit nous intéresser avant tout, dans une photographie dédiée à l'analyse sociologique, ce sont les gens et les relations qu'ils entretiennent avec leur environnement. Le sociologue américain Erwing

Goffman a suggéré, dans son ouvrage *La mise en scène de la vie quotidienne*, de comparer la vie à une mise en scène avec, comme au théâtre, une scène, des acteurs, un public. Pour ma part, je vais recaler la proposition de Goffman à travers la notion de réseau en sociologie visuelle.

▼ Le navire de croisière et ses activités

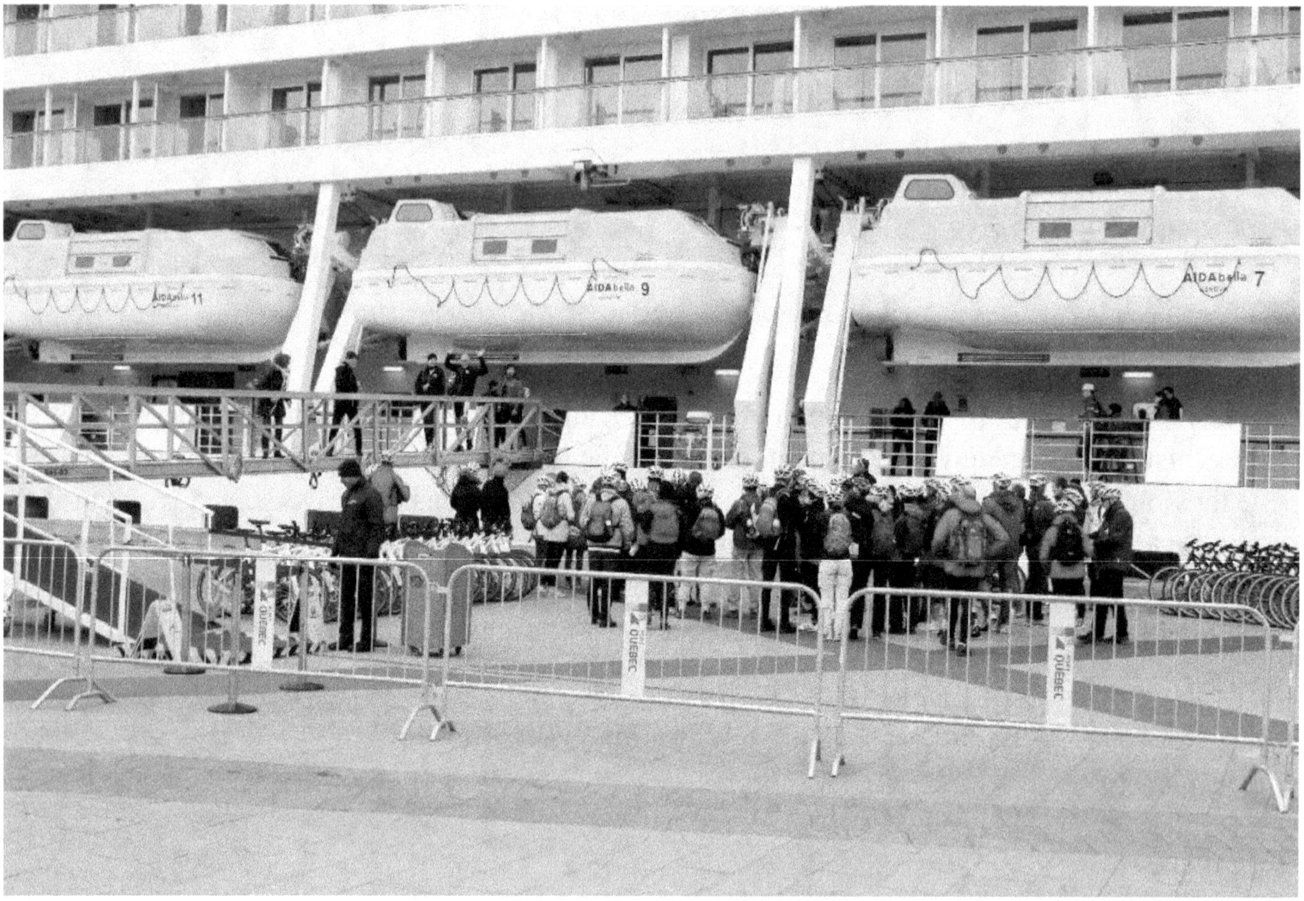

Pour réaliser ce travail à la Goffman, nous avons divisé la photo intégrale en trois sections : les croisiéristes sur le quai, le gardien de sécurité, le croisiériste sur la passerelle.

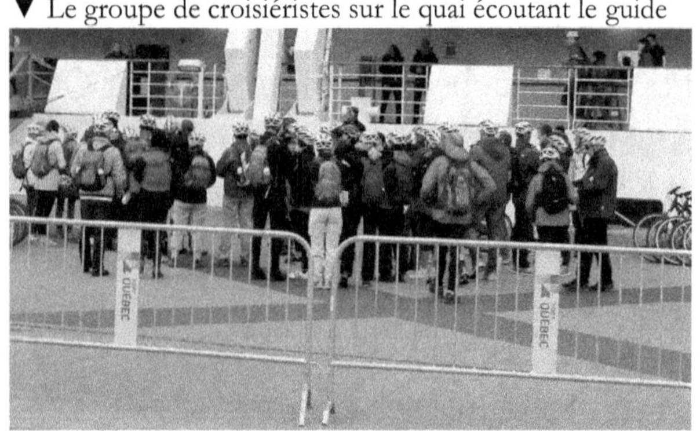

▼ Le groupe de croisiéristes sur le quai écoutant le guide

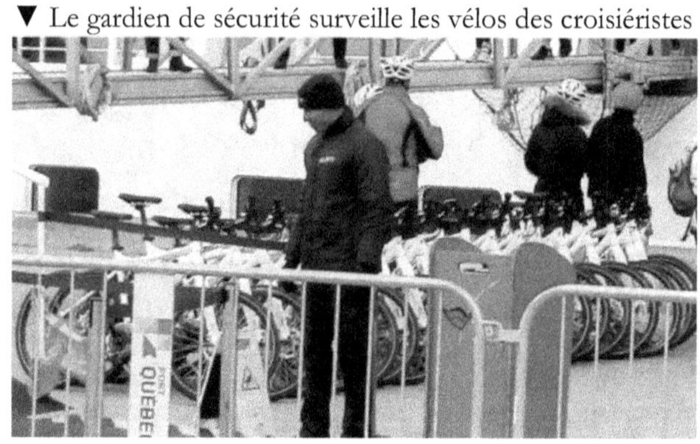

▼ Le gardien de sécurité surveille les vélos des croisiéristes

Que nous dit ce découpage ? Tout d'abord, la majorité des croisiéristes sont déjà sur le quai et écoutent les directives du guide. Le gardien de sécurité, engagé par le Port de Québec, s'assure que ni les passants ni les croisiéristes ne franchiront la clôture à moins de passer par le point d'entrée prévu à cet effet. Les vélos, derrière le gardien de sécurité et à la gauche du groupe de croisiéristes déjà sur le quai, suggèrent que ces derniers participeront à une activité à vélo.

▼ Un croisiériste, vêtu pour faire du vélo, s'adresse aux croisiéristes depuis la passerelle

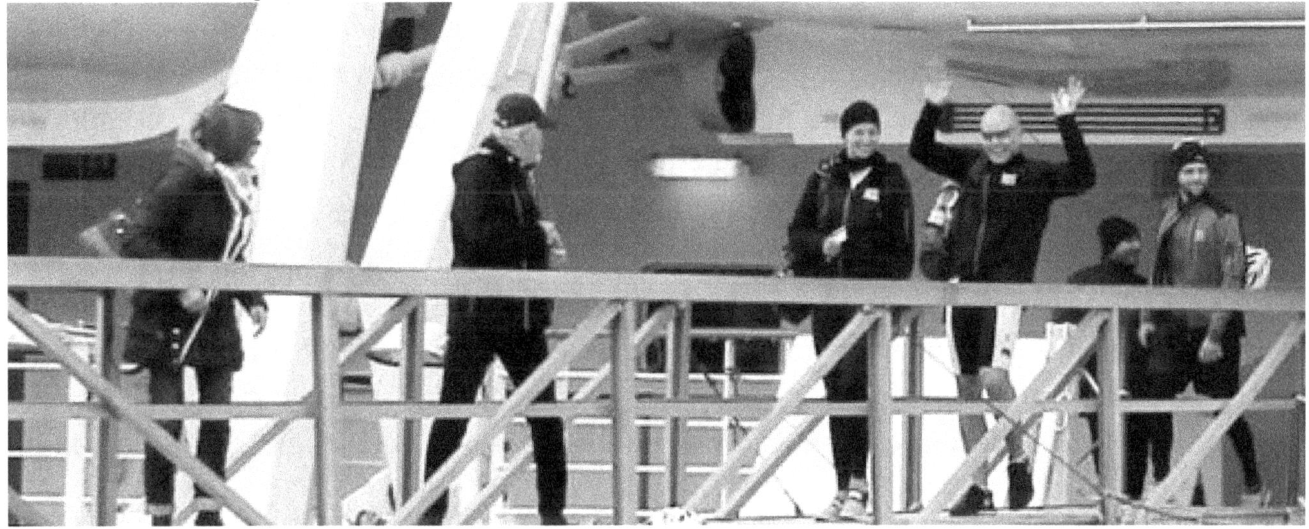

Sur la passerelle, un homme, vêtu de façon appropriée pour faire du vélo et accompagné d'une dame et d'un autre homme, signale son arrivée aux croisiéristes déjà sur le quai en levant les bras tout en leur criant (nous l'avons très bien entendu saluer la foule !), ce qui explique pourquoi les gens sur la passerelle et sur le quai se tournent vers lui. Goffman suggère que, comme au théâtre, la représentation doit se dérouler sur une scène (le lieu du spectacle) et devant public. L'homme sur la passerelle devient ainsi l'acteur et doit tenir un rôle social bien précis, peut-être celui du boute-en-train du groupe, celui qui s'exhibe sans trop de contraintes. D'ailleurs, après avoir pris la photo, nous sommes resté sur place pour observer son comportement, et il a effectivement perturbé tout le groupe en parlant à plusieurs personnes en arrivant, obligeant le guide à reprendre une partie de ses directives.

Certes, la sociologie offre un prisme analytique permettant de conférer une signification sociologique à une photographie donnée, car au-delà des explications émanant de l'approche interactionniste de Goffman, le sociologue qui se saisit de la photographie en tant qu'élément primaire d'analyse cherchera à approfondir son exploration en mobilisant la notion de réseau visuel, qui vise à mettre en relief non seulement les dimensions morphologiques de l'image, mais également ses dimensions fonctionnelles et cognitives. En d'autres termes, le sociologue se propose d'examiner l'intégralité des réseaux interconnectés, qu'ils soient géographiques, sociaux, culturels ou économiques, qui interviennent dans le cadre environnemental du navire de croisière capturé par la photographie.

La méthodologie d'analyse qui repose sur la notion de réseau visuel se révèle d'une importance cruciale dans la mesure où elle transcende les limites traditionnelles de l'approche purement interactionniste. Cette méthodologie élargit le spectre d'observation pour englober les multiples influences et connexions qui se déploient autour du sujet photographié, et en ce sens, l'image du navire de croisière ne peut être considérée isolément, mais doit être appréhendée comme un élément d'un tissu plus vaste de relations visuelles et conceptuelles. On peut donc dire que l'analyse à travers le prisme du réseau visuel permet ainsi d'examiner comment le navire de croisière inscrit son existence au sein d'une toile interconnectée de facteurs qui peut inclure des éléments tangibles tels que les routes maritimes, les destinations touristiques et les interactions entre passagers, ainsi que des aspects plus abstraits comme les connotations culturelles, les dynamiques économiques et les imaginaires sociaux associés à ce mode de voyage. En somme, le réseau visuel offre une opportunité de considérer l'image photographique dans sa dimension contextuelle et holistique, transcendant les limites d'une analyse basique pour englober les enjeux plus vastes qui la sous-tendent.

▼ Membre d'équipage nettoyant la coque du navire

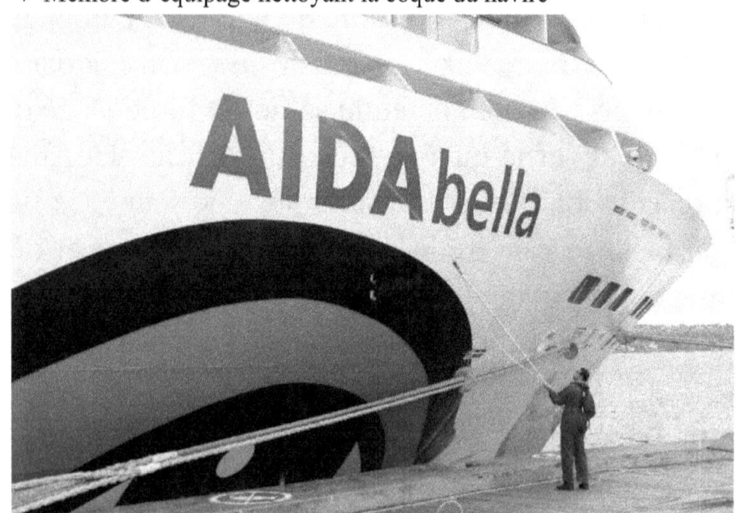

Il convient de rappeler de manière fondamentale que chaque photographie est avant tout un acte délibéré de cadrage, mettant en lumière une scène spécifique tout en laissant délibérément de côté d'autres éléments. Ainsi, pour parvenir à une appréhension plus exhaustive de la situation dans son ensemble, il devenait impératif de capturer des images complémentaires situées dans les environs immédiats du navire de croisière. Donc, au même moment où le guide prodigue ses consignes aux passagers en vue de la prochaine excursion à vélo, une autre réalité se déploie en parallèle : un membre de l'équipage s'affaire à nettoyer la coque du navire. Cette juxtaposition d'activités, a priori contrastantes mais simultanément présentes, soulève des interrogations fécondes quant aux messages inhérents à cette photographie. On comprendra mieux dès lors l'interaction entre ces deux réalités apparemment dissemblables, puisque les préparatifs de l'expérience de loisirs pour les croisiéristes et l'entretien minutieux de la coque du navire, induit une réflexion sur la complexité des environnements maritimes et des expériences humaines qui s'y déroulent. Loin d'être un simple instant figé, cette photographie incite à considérer la simultanéité de ces deux actions comme une représentation symbolique des multiples facettes de l'expérience de croisière. Elle suggère également une dualité entre les aspects visibles et invisibles de la navigation, entre le spectacle soigneusement orchestré pour les passagers et les rouages opérationnels qui demeurent en grande partie en coulisses.

Si la photographie invite à une réflexion plus profonde sur le contraste entre les rôles et les perspectives au sein de l'environnement du navire de croisière (tandis que les passagers sont destinataires d'instructions sur les activités de loisirs, un membre de l'équipage s'emploie discrètement à maintenir l'apparence impeccable de la coque), cette juxtaposition soulève des questions de pouvoir, d'asymétrie d'information et de hiérarchie au sein de l'espace maritime restreint. Elle révèle également comment différentes réalités coexistent dans le même cadre spatiotemporel, laissant entrevoir les multiples strates d'expérience et de perception sociales qui caractérisent un tel environnement.

▼ Autre point de vue sur le membre d'équipage qui nettoie la coque du navire

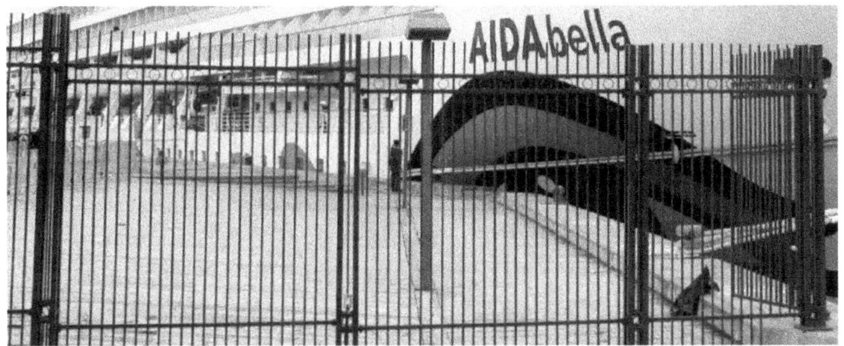

Comme le montre cette photo, un autre angle d'approche concernant le membre de l'équipage en train de nettoyer la coque du navire émerge ici. Comme précédemment évoqué, la photographie revêt également une subjectivité inhérente, étant influencée par l'intention du photographe. Dans ce contexte particulier, notre objectif était de fournir une perspective alternative sur le membre de l'équipage exécutant sa tâche de nettoyage tout en cherchant à mettre en lumière sa position derrière des barrières, en quelque sorte confiné dans sa fonction, tandis que les passagers s'apprêtent à franchir ces mêmes barrières pour entamer une promenade à vélo à travers le Vieux-Québec.

Il tombe sous le sens que cette interprétation photographique engage une réflexion sur les enjeux de pouvoir et de division qui se manifestent dans la scène : le membre de l'équipage, cantonné derrière des clôtures, est symboliquement séparé de l'expérience de loisirs à venir des croisiéristes, et cette dichotomie spatiale et sociale entre les deux groupes reflète une hiérarchie implicite et les rôles assignés au sein de l'environnement du navire de croisière. En somme, le choix de cadrage et de mise en scène exprime un écart manifeste entre ceux qui facilitent l'expérience des passagers et ceux dont le rôle est souvent dévolu aux coulisses et aux tâches moins visibles. De plus, cette image invite à réfléchir à la notion de mobilité et aux barrières physiques et symboliques qui peuvent entraver l'accès à certaines expériences. Les barrières physiques entre le membre de l'équipage et les croisiéristes soulignent une division spatiale manifeste, tandis que les barrières symboliques implicites suggèrent des différences sociales et économiques sous-jacentes. On peut donc avancer l'idée que la juxtaposition entre le nettoyage minutieux de la coque et la perspective de l'excursion à vélo évoque des dynamiques de choix et de contraintes vécues par les différents groupes.

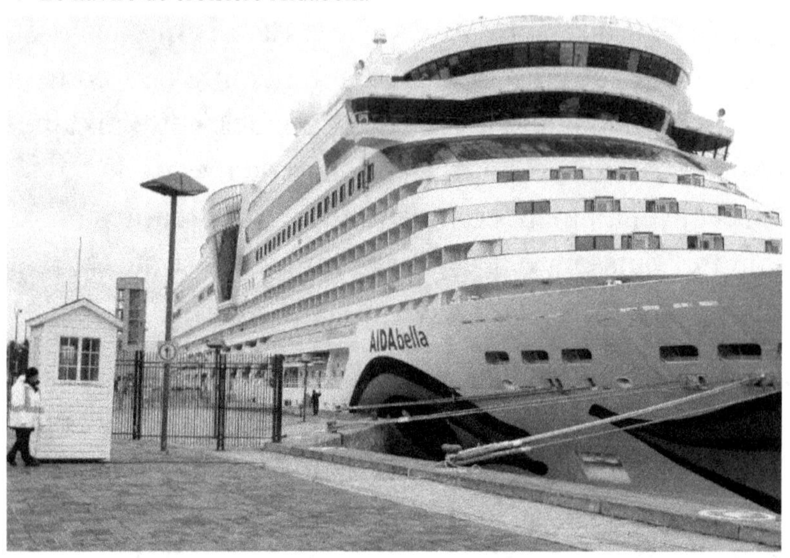
▼ Le navire de croisière Aidabella

Cette photo est intéressante à plus d'un égard, alliant la grandeur imposante du navire de croisière à la révélation subtile de ce qu'elle omet de montrer. En effet, ce navire, dirigé par un équipage de plus de 634 personnes, incarne davantage que sa seule présence visuelle. À l'instar de l'homme en train de nettoyer la coque, il est plausible que la majorité de l'équipage occupe une classe sociale distincte de celle des passagers. Une telle distinction sociale remet en question l'accès égalitaire aux privilèges de la croisière, car l'image suggère que l'expérience de ces deux groupes au sein de ce cadre maritime partagé peut être profondément dissemblable : la signification de cette scène photographique se déploie donc bien au-delà de sa surface visuelle. En fait, cet instantané visuel révèle la stratification sociale inhérente à l'écosystème du navire de croisière, soulignant la complexité des relations et des dynamiques qui s'y opèrent où les passagers, les officiers, les membres d'équipage, les artistes et autres participants à bord incarnent un éventail diversifié de rôles sociaux et économiques. On peut donc avancer l'idée que l'interaction de ces multiples acteurs forme un réseau complexe de hiérarchies et d'interdépendances qui contribuent à la fonctionnalité de ce microcosme maritime, d'où cet arrangement complexe qui engendre l'expérience agrémentée offerte aux passagers, visant à maximiser leur divertissement. En revanche, on ne saurait faire l'économie de la dimension subtile de cette photographie qui réside dans le fait que les réalités contrastantes de ces différents groupes ne sont pas explicitement exposées, nécessitant plutôt une compréhension plus profonde pour être appréhendées. En cela réside le rôle essentiel de la sociologie visuelle, qui consiste à démêler les couches de signification et à révéler les enjeux sociaux et économiques qui se jouent sous la surface. Ici, le sociologue exerce sa capacité à percer la surface de l'image pour analyser les indices, les symboles et les juxtapositions qui révèlent les multiples strates d'un microcosme social en action.

Plan rapproché sur un foie gras

Citer cet article
Vignaux, G. (2023 [2020]), « Plan rapproché sur le foie gras », *Sociologie Visuelle*, n° 2, Pierre Fraser et Georges Vignaux (éds.), Québec : Photo|Société, pp. 37-40.

Georges VIGNAUX[1]

Affiliations

1 CNRS, directeur de recherche honoraire.

Résumé. — Du foie gras au macaroni, c'est aussi la métaphore de se nourrir en tant que pauvre ou nanti. Le foie gras au torchon est un aliment élitiste, aliment de *foodie* et de distinction sociale disponible dans les boutiques spécialisées pendant la période du temps des fêtes, tandis que le macaroni, nourriture de pauvres, nourriture d'indistinction sociale est aussi disponible dans les banques alimentaires. Toutefois, ces photos pointent aussi des tendances prenant forme d'images, de métaphores.

Mots-clés. — Exclusion sociale ; foie gras ; macaroni.

Certes, il existe des symboles liés au luxe dont fait partie le foie gras, mais certains de ceux-ci sont des produits de luxe ritualisés dans un contexte social festif, la période de Noël. Par exemple, il suffit de parler à un Gascon, qui vous confirmera sans équivoque que le foie gras c'est à Noël, parce que les oies ont été gavées à cette époque, et que c'est un produit du terroir dans lequel se reconnaît une communauté culturelle. Donc, si le foie gras est commun dans le Sud-Ouest de la France, il est luxueux à Paris ou à l'étranger. Ainsi, le foie gras n'est pas le signe du riche, mais plutôt le signe de la tendance vers la « distinction » au sens de Bourdieu, c'est-à-dire que ça fait chic, que c'est exceptionnel, tandis que le macaroni c'est tous les jours.

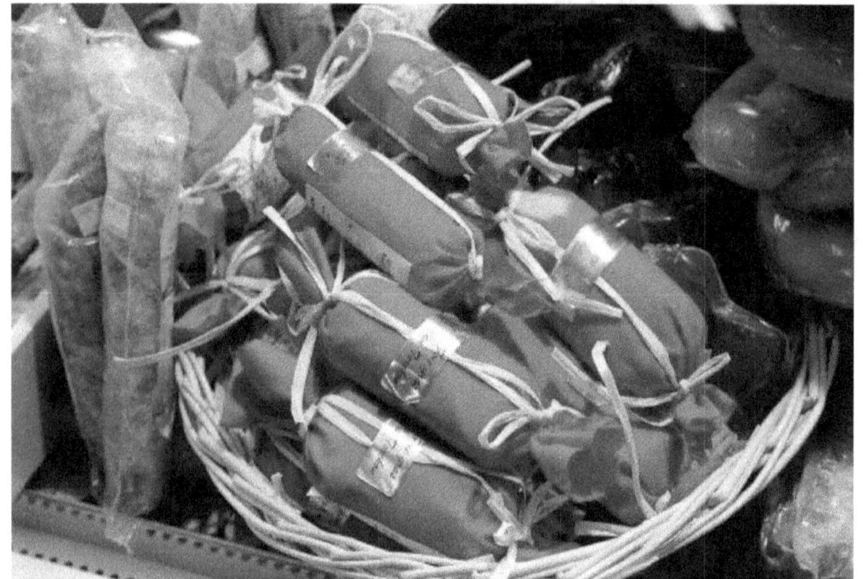

Les pratiques alimentaires ne sont pas seulement des comportements ou des habitudes, mais aussi et surtout des pratiques sociales ayant une dimension imaginaire, symbolique et sociale claire. Ainsi, les pratiques alimentaires ne sont pas seulement des comportements ou des habitudes, car en cela les humains ne se différencient pas du reste de l'espèce, mais aussi et surtout, ce sont des pratiques sociales et pour cette raison elles impliquent une dimension imaginaire, symbolique et sociale.

Dans son ouvrage *La distinction, critique sociale du jugement*[6], Pierre Bourdieu avance l'idée que les gens choisissent en fonction de leurs préférences, que celles-ci sont prévisibles, pour autant que l'on connaisse leur milieu social de provenance, mettant ainsi en évidence l'origine sociale du goût et la forte concurrence entre les groupes sociaux pour l'affirmation de la distinction sociale. En explorant les caractéristiques différenciées du régime bourgeois et du régime populaire, Bourdieu parvient à postuler que les différences alimentaires sont avant tout des différences de classe sociale et que les goûts sont façonnés par la culture et contrôlés par la société. Pour sa part, Norbert Elias, dans son ouvrage *Sur le processus de civilisation*[7], présente une piste fort intéressante : les changements se produisent sur le long terme et certains de ces changements persistent — les ustensiles de cuisine utilisées au XVIIIe siècle sont encore utilisées. En étudiant les manières de table des classes supérieures de différentes époques, il a pu en conclure qu'il ne s'agit pas d'un changement dans une seule direction, car il existe un comportement d'imitation des élites qui, en plus de modifier le comportement de ceux qui les imitent, modifie celui des couches qui sont imitées dans un processus de différenciation progressive. Par exemple, les manières de la classe moyenne sont modifiées et elles perdent ainsi le caractère de différenciation de classe, ce qui fait que les élites recherchent un nouveau raffinement qui les distingue des classes sociales inférieures. Pour Elias, les problèmes de changement alimentaire nécessitent une analyse des changements dans le processus de civilisation, car l'expérience historique clarifie la signification de certaines règles, tant les exigences que les interdictions, tant des habitudes de table que dans la sélection des produits. En fait, ce que

---

[6] Bourdieu, P. (1979), *La Distinction. Critique sociale du jugement*, Paris : Éditions de minuit.
[7] Elias, N. (1989), *La civilisation des mœurs*, Paris : Pocket.

met en lumière Elias, c'est comment les normes alimentaires sont produites et internalisées, comment elles passent de la sphère sociale à la sphère du sujet.

En ce qui concerne les travaux des sociologues plus classiques, l'attention s'est portée de préférence sur les aspects productifs, en utilisant l'alimentation comme moyen efficace d'apprentissage d'autres manifestations sociales : inégalité, pouvoir, religion, etc. Étant donné que la sociologie de l'alimentation s'est historiquement concentrée sur la compréhension des habitudes alimentaires et des pratiques de consommation, se confondant souvent avec une sociologie de la consommation alimentaire, cependant, de manière parallèle et relativement indépendante de cette orientation, s'est développée une autre branche de la discipline, à savoir la sociologie des systèmes alimentaires. Celle-ci puise ses origines dans l'économie et la sociologie agricole, en particulier dans le domaine des études agro-alimentaires. Initialement axée sur la production alimentaire, cette approche a progressivement évolué pour englober des perspectives liées à la consommation alimentaire, et bien qu'étant distinctes dans leurs objets d'étude, ces deux approches, la sociologie de la consommation alimentaire et la sociologie des systèmes alimentaires, ont émergé en parallèle, s'interrogeant sur différentes facettes de l'écosystème alimentaire.

Face à ces deux pôles de la sociologie de l'alimentation, un défi actuel se dessine : celui d'arriver à amalgamer les aspects liés à la production et à la consommation au sein d'un même cadre théorique cohérent. Cette jonction permettrait d'appréhender de manière holistique l'ensemble des mécanismes et des interactions qui gouvernent la sphère alimentaire, d'où une interrogation tout à fait légitime qui découle donc de ce contexte : la sociologie photographique a-t-elle le potentiel de contribuer à ce rapprochement conceptuel ? Peut-elle agir comme un pont entre la production et la consommation alimentaire en offrant une perspective visuelle qui mettrait en lumière les articulations entre ces deux sphères ? Cette question souligne la possibilité que les images capturées puissent servir de témoignage visuel des processus complexes liés à la production, à la distribution et à la consommation alimentaire, créant ainsi des passerelles conceptuelles entre ces deux domaines distincts.

Dans cette quête de synthèse, il convient donc d'examiner les cadres théoriques qui pourraient servir de fondement à une sociologie photographique axée sur la distinction sociale en matière d'alimentation. Et dans un tel contexte analytique, les perspectives de Pierre Bourdieu et Norbert Elias émergent dès lors comme des candidats potentiels. Le cadre de Bourdieu, mettant l'accent sur les capitaux économiques, culturels et sociaux qui informent les goûts et les pratiques, pourrait offrir une base conceptuelle pour analyser les codes sociaux et les différenciations associées à la consommation alimentaire. De manière similaire, le modèle d'Elias, qui s'intéresse aux processus de civilisation et de maîtrise de soi, pourrait éclairer les transformations graduelles des normes et des comportements alimentaires au fil du temps. Cependant, la question de savoir si ces cadres théoriques sont intrinsèquement adaptés à une approche photographique reste en suspens, nécessitant une réflexion approfondie sur la manière dont les images pourraient être utilisées pour concrétiser ces concepts et explorations théoriques au sein du champ de la sociologie de l'alimentation.

Plan rapproché sur les arts de la rue

Léa DESSUREAULT-RACINE[1]

Citer cet article
Dessureault-Racine, L. (2023 [2020]), « Plan rapproché sur le street art », *Sociologie Visuelle*, n° 2, Pierre Fraser et Georges Vignaux (éds.), Québec : Photo|Société, pp. 41-45.

Affiliations

1 Bachelière en sociologie, Université Laval.

Résumé. — Les arts de la rue ont une portée sociologique significative à la fois sur le plan visuel et artistique. Par portée sociologique, nous entendons ici la capacité de transformer l'environnement social immédiat à travers le temps. Ces images artistiques, créées par des individus marginalisés, signalent également que ces derniers possèdent le talent et le potentiel d'attribuer à leurs œuvres des caractéristiques sociales, sémantiques et créatrices. Alors que nous tenterons de décortiquer la complexité de ce phénomène à travers ces dimensions socioculturelles et sociohistorique, pour y parvenir, nous ferons l'hypothèse que les arts de la rue n'ont pas besoin d'être institutionnalisés ou normalisés pour véhiculer un message visuel à caractère social destiné à des gens qui les apprécieront ou non. C'est en parcourant le quartier St-Roch de Québec que nous tenterons donc d'analyser la question de la non-conformité à l'art institutionnalisé.

Mots-clés. — Arts de la rue ; sociologie visuelle.

D'entrée de jeu, faut-il ici préciser que toutes les photographies de cet article correspondent avant tout à un repère visuel non codifié, dans la mesure où elles n'ont pas pour fonction de normaliser des comportements. Si chaque œuvre ici présentée s'adresse en premier lieu à une sous-culture, celle des *street artists*[8], qui sait comment apprécier l'art de chacun d'entre eux, elle permet aussi aux observateurs non-initiés de les réfléchir et de les interpréter singulièrement. De plus, il faut non seulement comprendre

---

[8] Un *street artist* est un créateur visuel qui s'exprime à travers l'art urbain en utilisant des espaces publics tels que les murs, les rues et les bâtiments comme toile. Ces artistes transforment l'environnement urbain en utilisant diverses techniques telles que le graffiti, les pochoirs, les autocollants et les installations éphémères pour partager leur message, leur style artistique ou leur critique sociale avec le public. Le *street art* est souvent caractérisé par sa spontanéité, son engagement envers la culture locale et son désir de créer un dialogue avec la communauté dans un espace partagé.

que la distinctivité est au cœur de chacune de ces créations, mais chacune d'elle se cale dans un crescendo artistique que je tenterai de montrer et d'analyser au mieux possible. Quand on y regarde le moindrement de près, toutes ces photos constituent un réseau visuel, dans le sens il où sont constitués de repères visuels propres à certains réseaux sociaux, dont le politique, le financier et la consommation.

▼ Le crescendo artistique d'une frontière visuelle

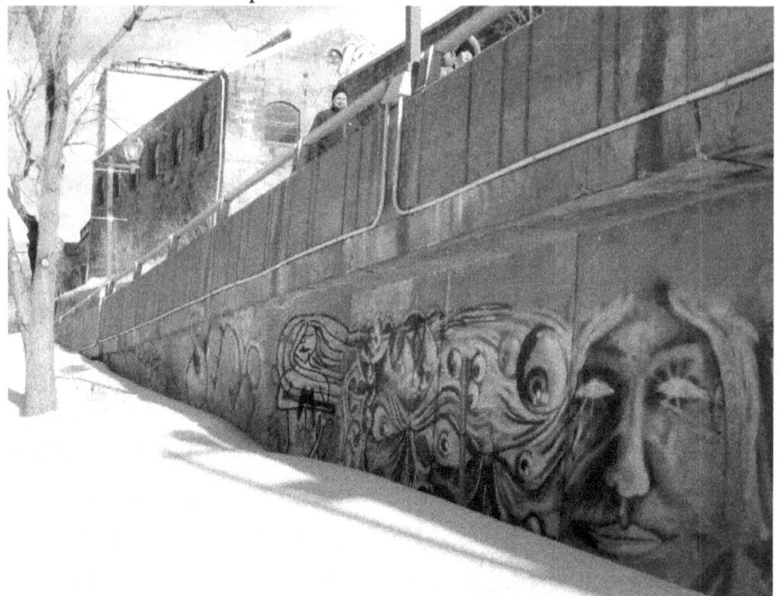

Pour cette photo, nous avons opté pour une légère contre-plongée afin de donner plus de puissance à cette impression d'une perspective cavalière[9] qui scelle l'embouchure de cette rue et qui agit comme une frontière visuelle, c'est-à-dire qu'elle établit une délimitation physique entre la basse-ville et la haute-ville de Québec (les quartiers de la haute-ville étant déjà embourgeoisés, les quartiers de la basse-ville étant en plein processus d'embourgeoisement). Cette frontière visuelle se signale aussi par sa marginalité que l'on retrouve généralement dans la basse ville. Pour la ville de Québec, que ce soit de l'art ou des graffitis, cela « est considéré comme un acte de **vandalisme** lorsqu'il est réalisé sans consentement ou autorisation légale sur un lieu public »[10-11]. Toutefois, les artistes marginaux ne se laissent pas entraver par la loi[12]. Cela étant précisé, l'impression de perspective cavalière que donne cette image illustre le crescendo du *street art*. Au fond de celle-ci, on observe des graffitis qui deviennent progressivement des dessins plus détaillés, soit celui d'une femme aux cheveux balayés par le vent. Ensuite, on voit apparaitre un visage à l'allure démoniaque, suivi d'une « pluie de yeux », qui aboutissent à une femme aveuglée par

---

[9] La perspective cavalière, également connue sous le nom de perspective oblique ou perspective en fuite, est un concept utilisé en photographie et en art visuel pour créer un effet de profondeur et de dimension dans une image. Cette technique est particulièrement courante dans le domaine de l'architecture et du dessin technique, mais elle peut également être appliquée en photographie pour créer des compositions visuellement intéressantes.

[10] Ville de Québec (2020), *Plan de gestion des graffitis*, URL: https://www.ville.quebec.qc.ca/citoyens/propriete/graffiti/docs/plan-gestion-graffitis.pdf.

[11] NDLR – Certains considèrent le *street art* comme une forme d'expression artistique légitime qui enrichit l'environnement urbain, provoque des réflexions et offre un moyen de s'engager avec la culture et les problèmes sociaux. Dans cette optique, le *street art* peut être perçu comme un moyen de revitaliser des espaces négligés ou de donner une voix aux artistes et aux minorités qui ne sont pas représentés dans les institutions artistiques traditionnelles. D'un autre côté, il y a ceux qui voient le *street art* comme du vandalisme, en particulier lorsque des œuvres sont réalisées sans autorisation sur des propriétés privées ou publiques. Dans ces cas, les défenseurs de cette position considèrent que l'acte de peindre ou de marquer des surfaces sans consentement équivaut à endommager la propriété et à enfreindre la loi.

[12] Comme le chante si bien Jean Leloup, « Fuck the system, do it, do it, yeah! ».

une lumière vive. D'après son sourire, on a la sensation que cette lumière éblouissante évoque la contemplation de la connaissance du vrai. Ainsi, on peut percevoir que cette œuvre regroupe des réseaux sociaux qui touchent notamment à la culture, la religion ou la philosophie. Ainsi, cette photo est pertinente pour ce projet, car elle illustre une évolution artistique du street art de plus en plus complexe tant sur les plans picturaux que sémantiques.

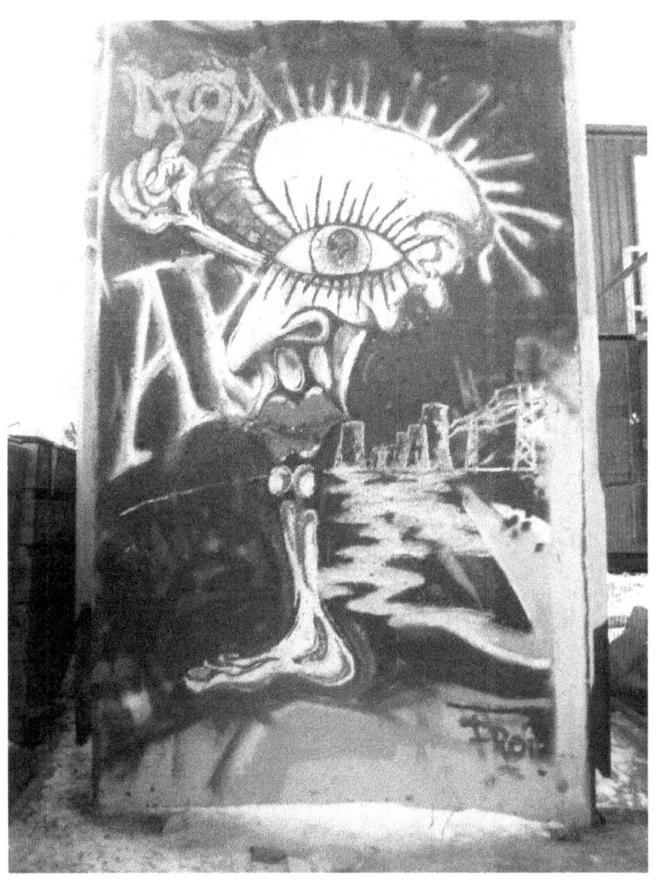

Cette photo est intéressante à plus d'un égard, car elle a quelque chose de « sociale » : le bras en extension revendique quelque chose, le point d'interrogation à l'intérieur de l'œil questionne. Cette œuvre artistique s'articule bel et bien comme repère visuel, dans le sens où elle suggère l'accomplissement d'une action en vue d'opérer un changement à l'intérieur de la société. On cherche à inciter les individus à réagir, c'est-à-dire à provoquer chez ces derniers une action concrète pour modifier une situation existante. Autrement, sur le plan de la disponibilité visuelle, cette œuvre est forcément éphémère, car rien ne peut garantir sa stabilité dans l'environnement puisque la ville de Québec détient le droit de l'effacer. Les deux autres photos participent de la même logique, c'est-à-dire qu'elles revendiquent, signalent, soulignent.

Le *street art* est-il une « poubelle » ou plutôt un mot « fourre-tout » dans lequel les médias et les institutions emploient à outrance afin de raffermir leurs propres intérêts (politiques, culturelles ou économiques) ? Le *street artist* connu sous le nom de C215 nous apprend qu'« une économie s'est créée, très proche de l'industrie du divertissement, et les artistes de la scène graffiti, comme du *street art* d'ailleurs, acceptent les règles du jeu commercial et ornent désormais les salons des bourgeois. La provocation n'est plus que feinte. Les médias relatent désormais les évènements de *street art* comme ils relataient jadis un concert de l'effronté Michel Sardou. Le graffiti et le *street art* sont devenus des métiers comme d'autres, reconnus au point que l'on trouve désormais leur enseignement dans certaines écoles d'art[13] ».

En résumé, le phénomène du *street art* suscite des réactions variées et complexes au sein de la société. L'apparente perception d'une minorité de *street artists* cherchant à faire valoir leur voix s'oppose parfois à l'attitude plus conservatrice de certains individus qui préféreraient ne pas voir ce type d'expression artistique dans l'espace public. Cette divergence de réactions peut être attribuée en partie à l'écart visuel entre le *street art* et les normes esthétiques prévalant dans l'art conventionnellement reconnu. En effet, le *street art* se caractérise souvent par des styles iconoclastes et des messages provocateurs, se dissociant ainsi des conventions artistiques établies, car les mouvements artistiques traditionnels ont souvent établi des critères esthétiques et des normes visuelles qui définissent ce qui est considéré comme artistiquement valide et socialement acceptable. Le *street art*, en revanche, transcende ces limites en puisant dans une variété d'influences et en mettant en avant des messages qui remettent en question les normes et les valeurs existantes. Par conséquent, le contraste visuel entre le *street art* et l'art conventionnel peut contribuer à la perception de cette dernière comme une forme d'expression marginale et subversive.

▼ Dominants et dominés

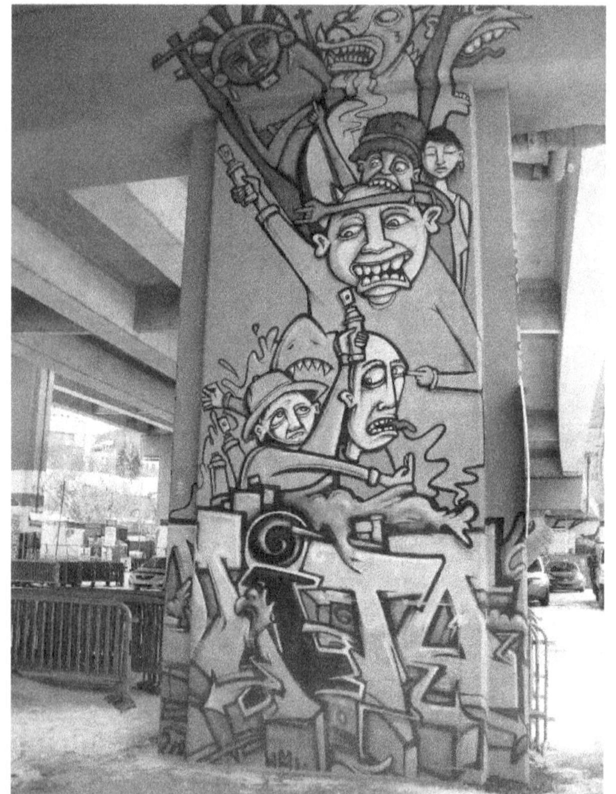

▼ L'esprit du capitalisme

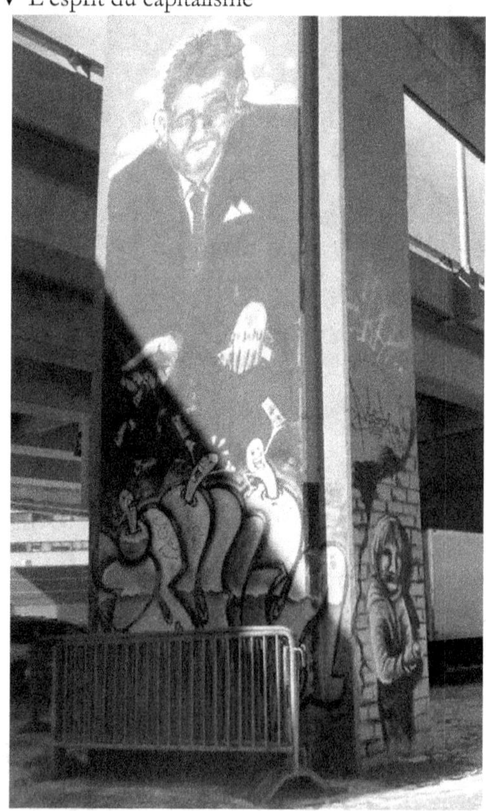

[13] Gerini, C. (2016), « Le street art a-t-il toujours / n'a-t-il jamais existé ? », *Cahiers de Narratologie*, vol. 30, URL : http://journals.openedition.org/narratologie/7492.

Au-delà de toutes ces explications et argumentations, il importe de souligner que la perception du *street art* comme forme d'expression non conforme ne doit pas être interprétée de manière unilatérale, car de plus en plus de musées et d'institutions artistiques reconnaissent la valeur intrinsèque du *street art* en tant que reflet authentique des réalités urbaines contemporaines et de l'évolution de l'art. À preuve, certaines œuvres de *street art* ont été intégrées dans des galeries, des expositions et des collections permanentes, témoignant ainsi de la reconnaissance croissante de cette forme artistique.

En somme, la divergence entre les *street artists* et ceux qui préfèrent des expressions artistiques plus conventionnelles peut être attribuée en partie à la dissonance visuelle entre les styles et les messages du *street art* et les normes visuelles artistiques plus conventionnelles. Cependant, cette dissonance ne fait pas obstacle à la reconnaissance grandissante de la pertinence artistique et sociétale du *street art*, qui défie les conventions et enrichit le paysage artistique contemporain par sa spontanéité, son engagement et sa capacité à susciter des débats sociaux et culturels.

▼ Dominants et dominés

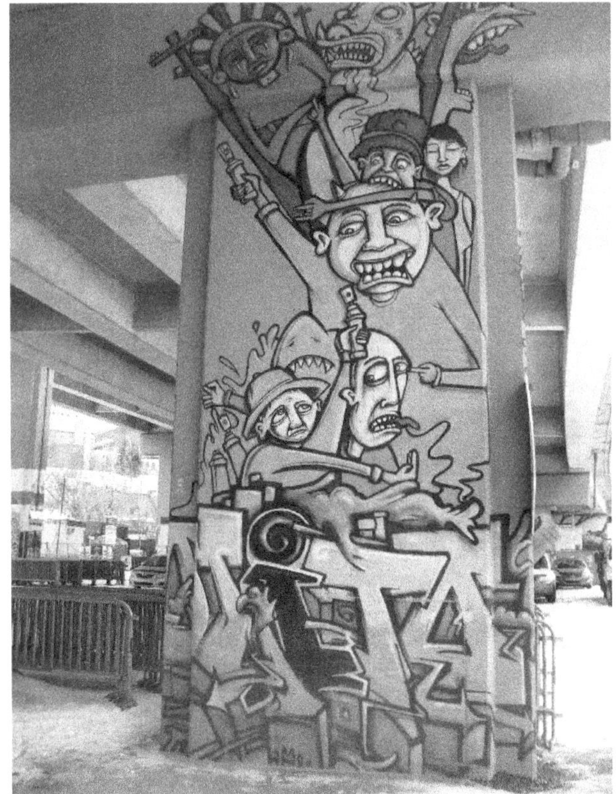

▼ L'esprit du capitalisme

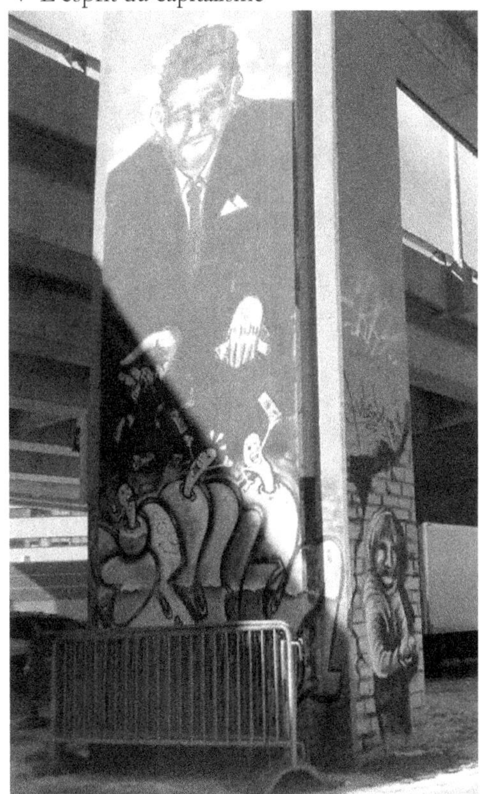

MARCHÉ PUBLIC

2

Au marché public

Pierre FRASER[1]

Georges VIGNAUX[2]

Citer cet article

Fraser, P., Vignaux, G. (2023 [2020]), « Au marché public »,
Sociologie Visuelle, n° 2, Pierre Fraser et Georges Vignaux
(éds.), Québec : Photo|Société, pp. 49-78.

Affiliations

1 Pierre Fraser, directeur de la revue *Sociologie Visuelle*. 2 CNRS, directeur de recherche honoraire.

Résumé. — La photographie, en tant que véhicule du souvenir visuel, possède le pouvoir singulier de préserver les réalités évanouies. Elle cristallise des instants passés, offrant ainsi une fenêtre sur un passé révolu. Dans ce contexte, l'article en question se propose de brosser un portrait du Marché Public du Vieux-Port de Québec tel qu'il était pendant une période s'étalant sur vingt ans, plus précisément du début du mois de novembre à la fin du mois de décembre. L'année centrale retenue pour cette rétrospective est 2015. Cette approche temporelle offre une perspective dynamique, permettant d'embrasser les évolutions saisonnières et les rituels ancrés dans le tissu social de la communauté.

Mots-clés. — Marché public de Québec ; photographie ; stratification sociale.

Le Marché Public du Vieux-Port de Québec, qui a cédé la place au Grand Marché dans le quartier Limoilou à l'automne 2019, se dresse comme un exemple intéressant de transformation spatiale et sociale. Cette mutation, s'inscrivant dans une logique de modernisation urbaine, a remodelé l'espace public de manière significative. L'ancien marché, caractérisé par une ambiance conviviale et animée, a été remplacé par un environnement qui privilégie l'efficacité et la fonctionnalité, avec des kiosques épurés et une esthétique évoquant la modernité. Les autorités municipales justifient cette transformation en mettant en avant la promotion du commerce de proximité. Pourtant, cette métamorphose spatiale a entraîné la perte d'une atmosphère autrefois riche en interactions sociales, transformant le marché en un lieu marqué par la distanciation sociale, une réalité qui se détache nettement de la dynamique communautaire qui prévalait dans le passé.

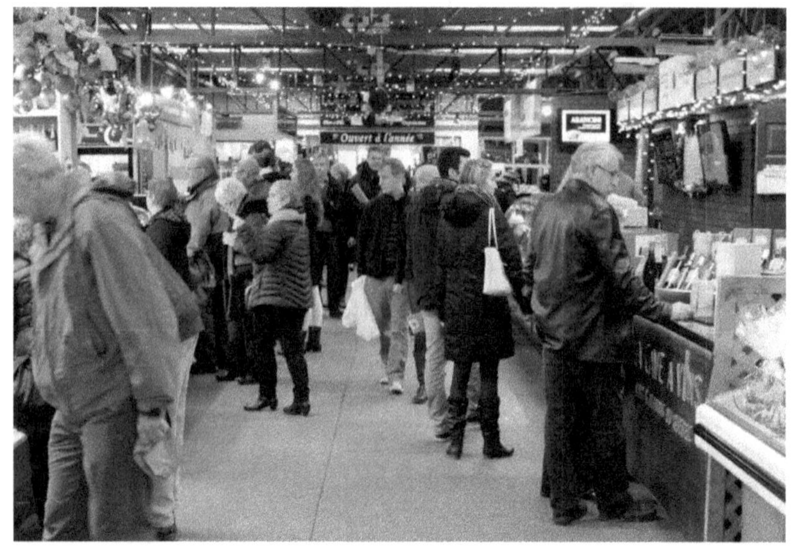

Le contraste entre le caractère animé de l'ancien marché et la fonctionnalité presque aseptisée du nouveau marché soulève des questions essentielles sur la conception des espaces publics et leurs implications pour la sociabilité urbaine. L'analyse de ces images, figeant les interactions humaines et l'atmosphère caractéristique du lieu, offre l'opportunité de revisiter le rôle des espaces de rassemblement dans la vie sociale des citoyens. En documentant le marché dans sa configuration antérieure, cet article se propose de capturer les nuances de cette transformation spatiale et sociale, permettant aux lecteurs de s'immerger dans l'expérience vécue à l'époque. En fin de compte, l'utilisation de la photographie comme une fenêtre sur le passé révèle sa valeur en tant qu'outil d'analyse sociologique, permettant de sonder les récits visuels du passé pour mieux comprendre les changements et les continuités qui caractérisent les dynamiques sociales dans ce type de commerce.

Le Marché public du Vieux-Port de Québec, en se développant à travers quatre tendances majeures, incarne une convergence complexe d'idéaux qui englobent à la fois des considérations écologiques, économiques, et sociétales. Ces tendances, à savoir l'écologisme, l'authenticité et la rusticité, le mode de vie sain et le travail équitable, se déploient en un discours politique cohérent visant à guider le comportement de consommation vers des choix plus éthiques et durables. Ces principes directeurs sont imbriqués et tissent ensemble la trame conceptuelle du marché, définissant son identité et sa fonction :

- L'**écologisme**, en tant que premier pilier, repose sur l'idée essentielle du développement durable et de la réduction de l'impact environnemental et englobe des notions telles que l'alimentation biologique et le commerce de proximité, qui sont conçues pour minimiser la distance entre producteurs et consommateurs, réduisant ainsi les émissions liées au transport et promouvant des méthodes agricoles respectueuses de la biodiversité.

- L'**authenticité**, en tant que deuxième tendance, est étroitement liée à la valorisation des produits du terroir et équitables, car cette orientation met en avant la préservation des traditions locales, la reconnaissance du savoir-faire des producteurs régionaux et la promotion de l'équité dans les relations commerciales. Les consommateurs sont ainsi encouragés à se connecter avec les origines culturelles des aliments tout en contribuant au bien-être économique des acteurs locaux.

- Le troisième aspect, celui du **mode de vie sain**, insiste sur le lien indissociable entre une alimentation équilibrée et la promotion d'une vie en bonne santé, aussi bien sur le plan physique que mental. Cette approche reflète la conviction que des choix alimentaires responsables peuvent contribuer à une longévité accrue et à un bien-être général, faisant ainsi de l'alimentation une composante centrale d'une existence épanouie.

- Enfin, le quatrième pilier, le **travail équitable**, défend l'idée que la rémunération équitable des petits producteurs et commerçants est un élément fondamental pour une économie plus équilibrée et socialement juste. Cette perspective s'oppose aux pratiques prédatrices et à l'exploitation qui peuvent prévaloir dans le système agroalimentaire global, en soulignant l'importance de reconnaître la valeur du travail derrière chaque produit.

Ces quatre mouvances se fondent dans un discours politique qui incite à l'adoption de comportements de consommation plus éthiques. En s'appuyant sur les idéaux hérités de la contre-culture hippie des années 1960, qui prônaient le retour à la terre et la production non industrialisée, ce discours suggère que la responsabilité individuelle dans la consommation a le pouvoir d'influencer les pratiques des géants agroalimentaires en les orientant vers des méthodes plus éthiques et durables. Et ce message va bien au-delà du banal et du trivial, car il définit non seulement un espace alimentaire spécifique, mais aussi des pratiques sociales et culturelles. En accord avec les observations du sociologue Claude Fischler[14], l'alimentation est un terrain où les enjeux moraux s'entremêlent, puisque les choix alimentaires et les habitudes des mangeurs sont constamment encadrés par des normes d'ordre parfois religieux, médical et social, qui évoluent au fil du temps. Ainsi, les significations attribuées aux aliments et leurs connotations sont façonnées par des évolutions sociales et civilisationnelles, reflétant des changements plus larges dans la société et la manière dont nous interagissons avec notre environnement alimentaire.

L'organisation de l'espace

▼ Une présentation qui relève de la rusticité et de la simplicité

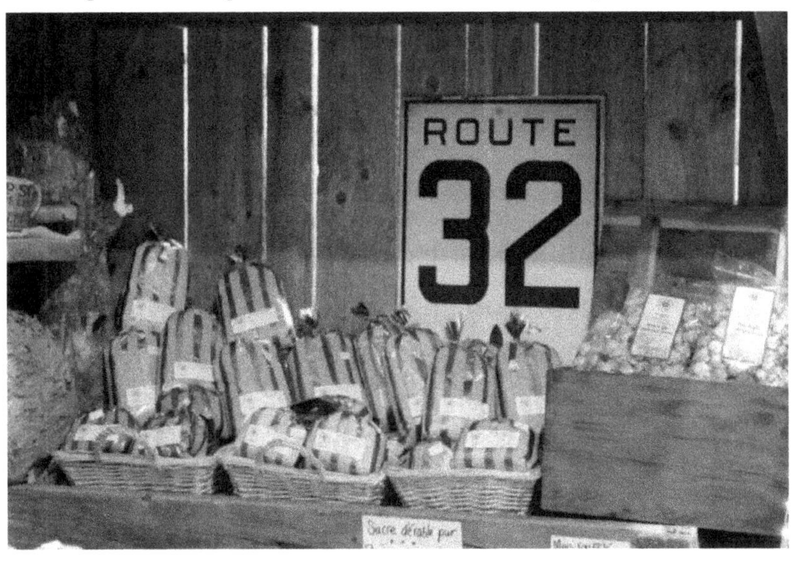

La disposition d'un marché public doit répondre à une seule contrainte : rendre accessibles le plus facilement possible les produits à vendre. Chaque commerçant dispose dès lors d'un espace qu'il loue, qui lui est attribué et qu'il peut aménager à sa guise, tout en respectant les règles édictées par le propriétaire des lieux. Certains commerçants, un peu plus fortunés, louent des espaces qu'ils

---

[14] Fischler, C. (2001), *L'homnivore*, Paris : Éditions Odile Jacob.

configurent un peu comme une boutique, avec une porte d'entrée, d'où parfois l'impression d'être confronté à une consommation structurée et organisé, alors que le client cherche avant tout une « expérience » d'authenticité et de contact direct avec le vendeur et/ou le producteur. La configuration de vente, quant à elle, est classique : un ou des présentoirs sur lesquels sont déposés et alignés les produits à vendre. Pour le reste, il en va de la créativité du commerçant pour mettre en valeur sa marchandise. Et cette créativité se décline de plusieurs façons.

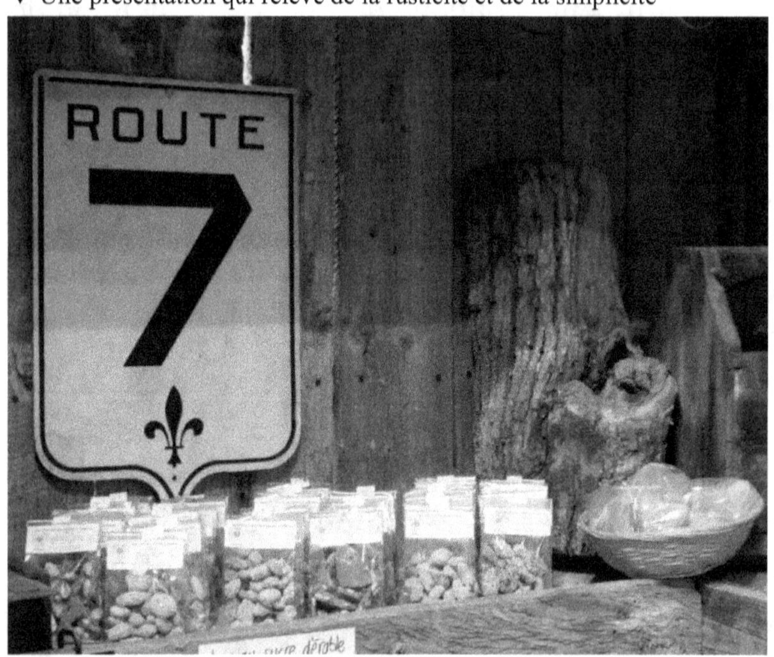

La présentation renvoie directement à la notion de terroir avec son côté rustique. Tout compose la rusticité, l'authenticité et le terroir dans cette présentation : le panneau routier signale une route rurale : c'est l'appel de la campagne et de ses valeurs proches de la nature, le terroir ; des produits à saveur d'érable — du pain, des biscuits, des galettes, du maïs soufflé, des noix —, le sirop d'érable ne pouvant qu'être produit qu'en forêt dans une érablière ; le panier d'oseille, typique de la ruralité et d'une époque où le pain fait et cuit à la maison signalait une nourriture simple et abordable ; la vieille boîte de bois à la couleur chaude rappelle, pour les consommateurs d'un certain âge, l'enfance — pour les autres, elle renvoie à toute cette notion d'une époque où les objets usuels étaient plus simples, non encore dévoyés par une technologie qui s'inscrit dans tout et partout ; sur la gauche, la bûche de de bois à la couleur chaude ; les bûches en arrière-plan ; la vieille tasse ; le produit vendu : du sucre d'érable décliné en produits de toutes sortes.

Nous attirons ici l'attention du lecteur sur le fait que sept éléments bien distincts de ces deux photos structurent cette vision du produit renvoyant à l'authenticité et au terroir : le panneau routier ; le vieux bois dont est fait le présentoir et le mur arrière ; les paniers d'oseille ; les vieilles boîtes de bois à la couleur chaude ; les bûches en arrière-plan ; la vieille tasse ; le produit vendu : du sucre d'érable décliné en produits de toutes sortes. À la gauche de ces deux présentoirs, comme le montre la photo suivante, le commerçant a su décliner le sirop d'érable en un foisonnant assortiment de produits : caramel à l'érable ; confit d'oignon au sirop d'érable ; gelée au sirop d'érable ; moutarde à l'érable ; vinaigre d'érable ; pain de sucre à l'érable ; sauce BBQ à l'érable ; vinaigrette à l'érable.

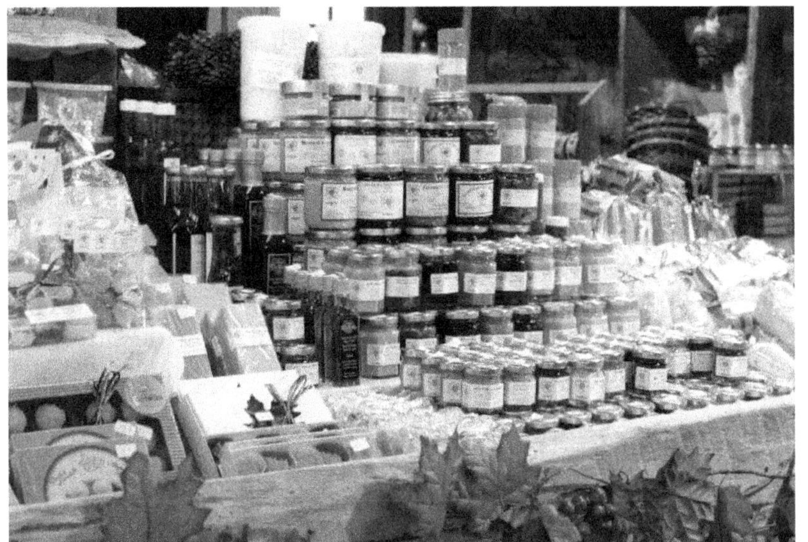

L'association entre les saveurs sucrées et le plaisir gustatif révèle une connexion profonde qui va au-delà de la simple préférence personnelle. D'ailleurs, les travaux de recherche en nutraceutique, une discipline interdisciplinaire qui explore les propriétés médicinales et les bienfaits pour la santé des aliments, ont apporté des éclairages significatifs à ce sujet, ont révélé que le sirop d'érable, au-delà de sa délectable saveur sucrée, possède une abondance d'antioxydants, des composés aux propriétés supposées bénéfiques pour la santé. Ainsi, l'idée de savourer le sirop d'érable prend une dimension doublement satisfaisante : d'une part, elle comble le plaisir intrinsèque lié à la saveur sucrée, et d'autre part, elle permet de profiter des avantages potentiels pour la santé associés à sa consommation. Cette dualité entre le plaisir sensoriel et les avantages nutraceutiques illustre bien la complexité des relations entre alimentation, plaisir et santé, car l'idée de se délecter d'une saveur sucrée, non seulement pour le plaisir immédiat qu'elle procure, mais aussi pour les potentiels bénéfices qu'elle peut apporter, reflète une prise de conscience croissante de l'interaction subtile entre les plaisirs gustatifs et les considérations de bien-être à long terme.

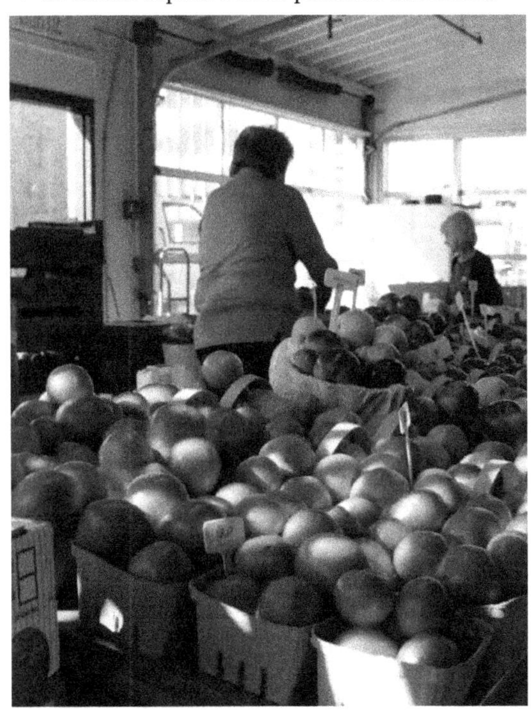

Cette photo est particulièrement révélatrice. Tout d'abord, car il s'agit du même espace occupé par le marchand des produits de l'érable, mais cette photo a été prise à la fin du mois d'août 2015, alors que les produits maraîchers sont disponibles. Le premier constat, qu'il est possible de tirer à la première observation, est bien celui que l'appropriation de l'espace est très différente du commerce qui l'occupe à partir du début du mois de novembre. Ce que j'ai pu constater, c'est que pendant la période maraîchère, le souci de présentation ne semble pas bénéficier du même traitement pour attirer le consommateur. En fait, les légumes et les fruits, plus imposants par leur volume et leur taille que les petits bocaux et ensachages raffinés des produits dérivés de l'érable, sont

présentés en vrac. Pourquoi serait-il nécessaire de procéder à une mise en place sophisti-
quée pour vendre des tomates, des betteraves, des radis, des fèves, des pommes et des
bleuets ? Comme il s'agit d'un produit à l'état naturel, qui doit inévitablement être transformé par le consommateur, tout travail de présentation devient dès lors superflu. Pourtant,
certains commerçants y prêtent tout de même une certaine attention, comme en témoigne
les deux photos suivantes.

▼ Les étals abondent de déclinaisons d'un produit en particulier

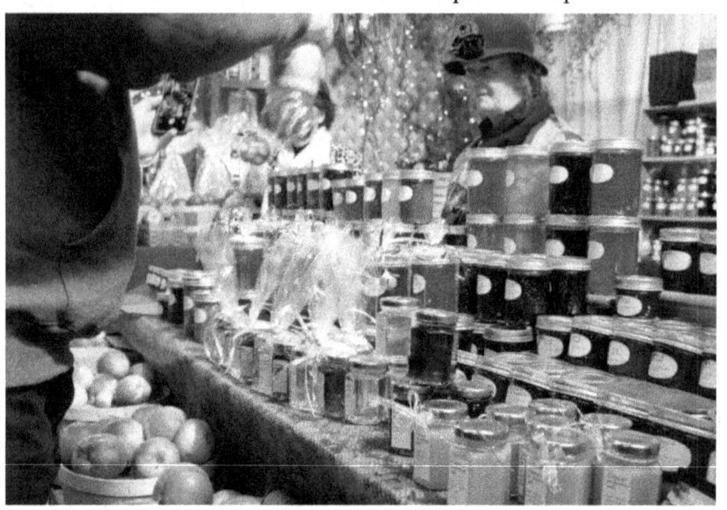

Une certaine constante se dégage au Marché public du Vieux-Port de Québec pendant les deux mois précédant Noël : les étals abondent de déclinaisons d'un produit en particulier. Qu'il s'agisse du sirop d'érable, du miel, de la pomme, de la canneberge, de l'huile d'autruche ou d'émeu, du raisin, de la fraise, du chocolat, les commerçants, qui sont pour la plupart producteurs et/ou transformateurs de ces produits,
rivalisent d'imagination. En fait, pendant cette période de l'année, ce marché public se
métamorphose littéralement en cathédrale du plaisir gastronomique par la seule abondance
des produits offerts et emballés de façon à allumer l'œil du consommateur. La photo de la
page suivante montre bien, non seulement cette déclinaison, mais aussi le souci de la présentation à différents niveaux : emballage, qualité du graphisme de l'étiquette, disposition
soignée sur les présentoirs, l'abondance d'un seul et même produit formant parfois une
pyramide de bocaux. En portant une attention toute particulière à la disposition des bocaux,
deux tendances se dégagent. Généralement, la portion directement accessible aux clients
se limite à une simple rangée de bocaux. La seconde rangée comporte deux étages de bocaux, et ainsi de suite. Si le client désire le bocal situé sous un autre bocal, le commerçant
ne démonte pas sa présentation : il sort le bocal d'une boîte qui est soit sous le présentoir,
soit derrière lui, l'idée étant de ne pas avoir constamment à refaire la disposition du présentoir. Il faut aussi préciser que les bocaux situés dans la première rangée sont, habituel-
lement, les produits qui se vendent le mieux. Ainsi, le client peut les manipuler, les évaluer
et acheter celui qu'il désire. Ce faisant, une fois le client parti, le commerçant n'a qu'à
remplacer le ou les bocaux manquants. En toute circonstance, et ce aussi bien pour les
marchés publics que pour les supermarchés, une réalité fondamentale réside dans l'application incontournable de la loi de l'efficacité commerciale, qui opère à travers le prisme
du ratio client/achat, pilier central dans le monde du commerce. Qu'il s'agisse d'un marché
traditionnel imprégné de charme local ou d'un supermarché moderne axé sur la commo-
dité, cette dynamique économique demeure intrinsèque aux opérations de vente au détail.

En fait, l'essence même de cette dynamique découle de la nécessité pour les entreprises commerciales de maximiser leur rendement tout en répondant aux besoins et aux désirs des clients. La notion de ratio client/achat témoigne de la corrélation entre le nombre de clients qui fréquentent un lieu commercial donné et le volume d'achats effectué, d'où l'objectif d'optimiser la rentabilité tout en offrant une expérience de consommation attrayante et pertinente. Par exemple, dans le cas des marchés publics, l'équation se complexifie souvent par l'aspect distinctif de la diversité des produits et des vendeurs indépendants. Ici, le ratio client/achat est influencé par la variété des produits proposés, les dynamiques de négociation et la personnalité propre de chaque vendeur. D'un autre côté, les supermarchés, conçus pour une efficacité maximale, visent à atteindre un équilibre entre une large sélection de produits, un aménagement pratique et une rapidité de service. Dans les deux contextes, il devient clair que l'efficacité opérationnelle est une préoccupation constante, rappelant ainsi la tension inhérente entre l'optimisation économique et la satisfaction des clients. En comprenant les nuances de cette dynamique, les entreprises peuvent ainsi ajuster leurs stratégies pour atteindre le juste équilibre entre la rentabilité et la qualité du service. Au sein de cette complexité, les marchés publics et les supermarchés se positionnent comme des terrains d'étude riches en enseignements sur la manière dont les forces économiques et les préférences des consommateurs se mêlent pour façonner les expériences de consommation modernes.

▼ Quand la fraise installe des repères visuels de vente
  qui renvoient à la fraise : couleur rouge, fraises en verre

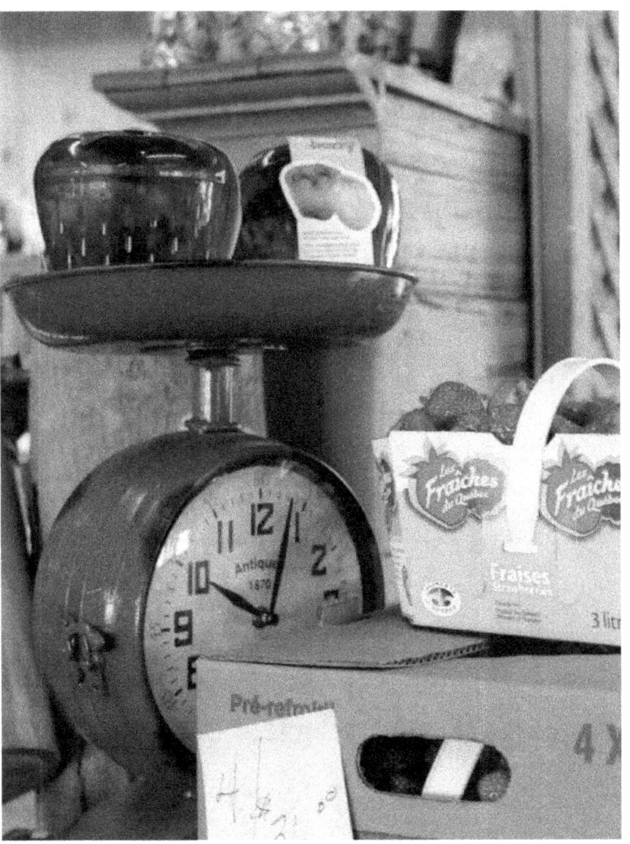

Autre exemple, la déclinaison des produits à base de fraises sous diverses formes sur ce présentoir capture visuellement la complexité du marché actuel, où la diversification et la mise en valeur des produits jouent un rôle essentiel pour satisfaire un éventail varié de besoins et de désirs des consommateurs. La présence de multiples déclinaisons de produits à base de fraises, qu'il s'agisse de confitures, de pâtisseries, de desserts ou d'autres préparations culinaires, reflète la volonté des acteurs économiques de répondre à des goûts et à des tendances en constante évolution. De cette manière, la photographie évoque ainsi la pluralité des préférences individuelles et la volonté de satisfaire ces diverses inclinations gustatives.

La mise en vente des produits

Pendant toute la période qui va du début novembre jusqu'au 24 décembre au Marché public du Vieux-Port de Québec, j'ai remarqué trois tendances concernant les produits mis en vente : (i) plus le temps avance, plus certains produits, qui étaient mis en première ligne de vente au début de novembre, sont graduellement relégués vers l'arrière du présentoir ; (ii) plus le temps avance, plus le temps de transaction entre le client et le commerçant se compresse ; (iii) plus le temps avance, plus les emballages de type « combo » font leur apparition en première ligne de vente.

Ces constatations semblent tomber sous le sens. En revanche, il faut régulièrement être sur place pour constater le phénomène afin d'être en mesure d'en rendre compte, et celui-ci correspond bel et bien à la logique marchande, à savoir, optimiser la présentation en fonction des comportements des clients. En discutant avec certains commerçants, nous avons voulu savoir où ils avaient appris à maximiser leur présentation. Tous nous ont répondu n'avoir jamais suivi une quelconque formation en matière de vente, mais bien plutôt que chacun observe le comportement des consommateurs et celui des autres commerçants. Il pourrait bien s'agir là d'une maximisation de la mise en valeur des produits fondée sur une simple observation empirique, et c'est là où les choses deviennent particulièrement intéressantes, dans le sens où l'ensemble de cette démarche n'est pas le fruit d'un calcul visant un rendement optimal. Autrement dit, la grande logique marchande n'opérerait pas à ce niveau.

D'autre part, (i) alors que chaque produit se déplace sur le présentoir en fonction du temps qui avance et en fonction de ce que semble préférer le consommateur, (ii) alors que plus le temps avance plus la transaction se compresse, car le client commence à être à court de temps pour compléter ses emplettes de Noël, (iii) alors que les emballages de type « combo » proposés dans un emballage attirant font graduellement leur apparition, promettant parfois une économie substantielle, la pure transaction commerciale prend de plus en plus le dessus au détriment de ce qui fonde en partie ce type de commerce, à savoir, le contact direct avec le commerçant que le client sait être un producteur ou un transformateur.

Malgré tout, malgré le temps de transaction qui se réduit de plus en plus, alors que le 24 décembre arrive à grands pas, nous avons pu constater que plusieurs commerçants possèdent une certaine fibre pédagogique. Étant grandement investis dans la production et/ou la transformation de leurs produits, étant très impliqués dans leur mise en marché, ils prennent le temps de préciser aux consommateurs en quoi consiste le produit — ce qui entre dans sa composition, son processus de fabrication, les autres aliments avec lesquels il s'apparente le mieux — et pourquoi il est important d'encourager les petits producteurs.

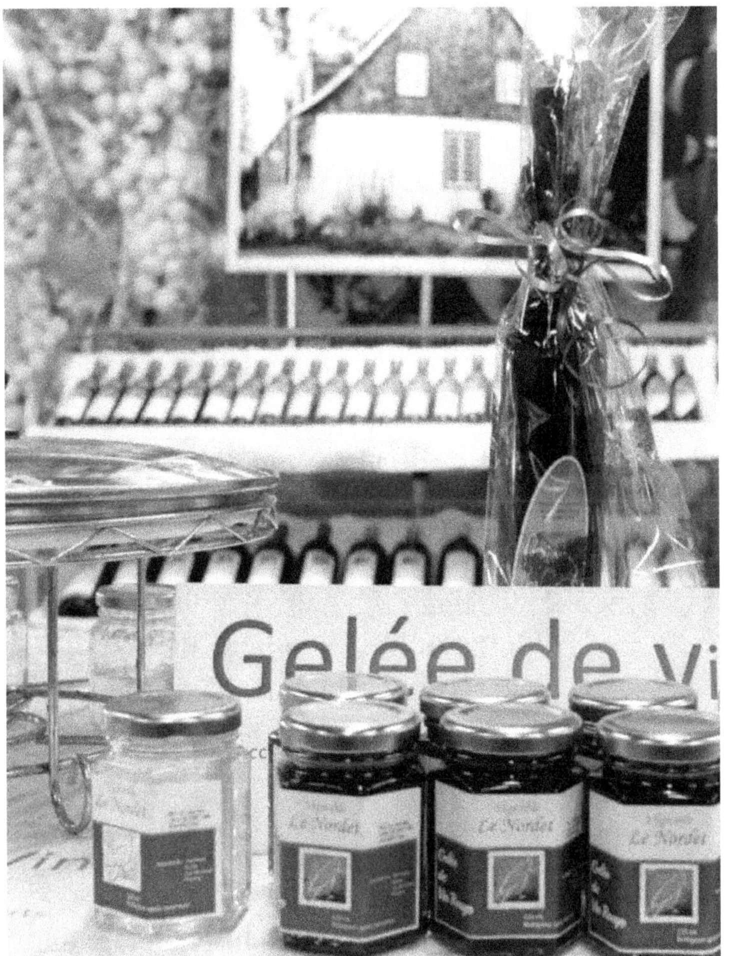

Pour apprécier le phénomène, il suffit de porter une attention toute particulière à ce qui compose cette photo, tout d'abord, au premier plan, et dans un deuxième temps, à l'arrière-plan. Au premier plan, les bocaux de gelée de vin, au coût de 5,00 $ chacun, sont directement accessibles au client, si celui-ci, après avoir dégusté la gelée de vin tartinée sur une biscotte, décide d'acheter un pot de gelée de vin. Remarquez également qu'il n'y a qu'une seule bouteille de vin. À l'arrière-plan, que remarque-t-on ? Un présentoir où sont alignées plusieurs bouteilles de vin, le tout fondu dans un décor où l'on voit une photo de l'établissement où est produit le vin en question — vieille maison canadienne, gage d'authenticité et de produit du terroir —, des affiches représentant soit une grappe de raisins, soit des raisins fraîchement cueillis.

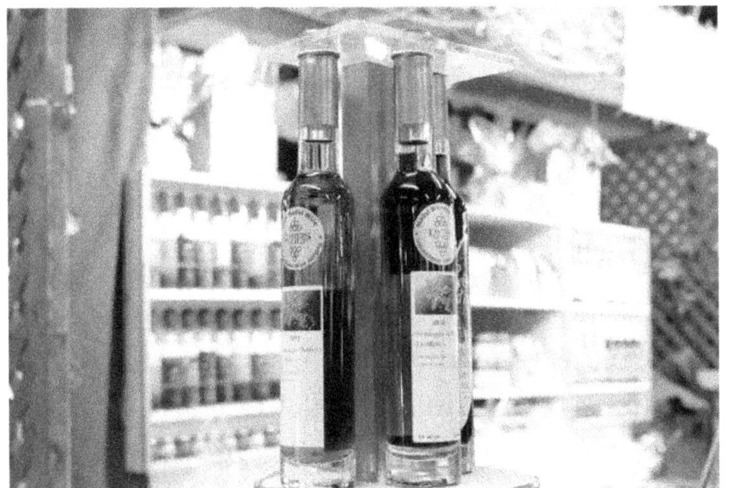

Juste un peu en retrait à la droite des bocaux de gelée de vin, trônent fièrement sur un piédestal trois bouteilles de vin de glace qui ont gagné des prix et des mentions dans un concours international de dégustateurs. Et le commerçant de me préciser que ce logo, placé sur les bouteilles, est un gage de succès pour la vente. Certes, il est à tout à fait conscient que le logo ne fera pas vendre la bouteille et qu'il devra tout de même faire une bonne partie du travail de vente, mais comme il le dit si bien : « *Les gens savent déjà que ce n'est pas de la piquette, parce qu'il y a le logo, donc j'ai moins de travail de vente à faire pour les convaincre !* » Comme le faisait remarquer un client qui était juste à ma gauche, alors que je prenais la photo : « *Faut qu'il soit vraiment bon, à ce prix-là !* ».

Après avoir goûté à la gelée de vin de cette bouteille, le client en achetait une. Lorsque je suis revenu le samedi suivant, soit le 5 décembre 2015, le commerçant de vin de glace avait aligné, juste devant le piédestal de ses vins gagnants, sur un présentoir de bois, l'ensemble de la gamme de vins qu'il produit par ordre décroissant de prix

▼ Attirer le client par une offre concurrentielle

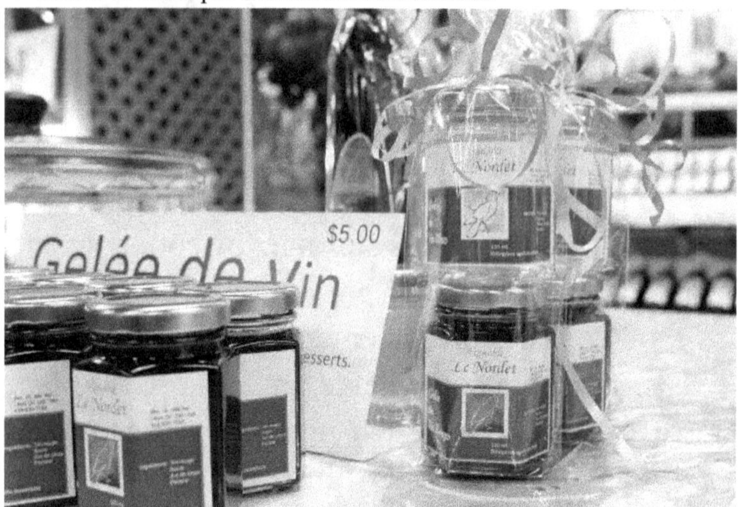

Cette photo présente un autre point de vue sur l'orchestration de la présentation du marchand de vin de glace. Ce dont j'ai voulu rendre compte avec cette photo, c'est l'opposition faite entre les bocaux de gelée de vin et le « combo » de bocaux. Alors qu'un seul bocal coûte 5,00 $, le « combo » vaut 16,50 $, ce qui est une économie intéressante. Il s'agit peut-être d'une distraction de la part du commerçant, mais le prix du « combo » est placé à l'arrière sur l'emballage, ce qui ne permet pas au client d'apprécier du premier coup d'œil l'économie à réaliser.

Les vendeurs

Le rôle du vendeur ou de la vendeuse dans un marché public est profondément ancré dans une démarche de communication directe avec la clientèle, alors que celui du vendeur d'une petite boutique qui a pignon sur rue est avant tout ancré dans une démarche de rentabilité rapide, où le rythme effréné des commissions engendre parfois une impression de précipitation envers le client. À l'inverse, le vendeur d'un marché public adopte une approche plus réceptive, laissant d'autant au client l'initiative de s'approcher, c'est-à-dire qu'une dynamique de libre choix est instaurée, où le client est encouragé à explorer les étals à son propre rythme, sans subir de pression intrusive. Cette démarche de proximité, inhérente à un marché public, établit un contact direct avec la clientèle, distinguant ainsi le vendeur de l'employé d'une grande surface, contrairement à la relative indifférence qui peut caractériser les interactions dans un environnement de grande distribution, car l'approche de proximité adoptée dans un marché public requiert un engagement interactif. Cette proximité physique découle également de la disposition spatiale du marché, où les produits proposés sont directement accessibles aux clients. En effet, les présentoirs sont organisés de manière à encourager le contact tactile et visuel, invitant les clients à découvrir les produits de près.

Par ailleurs, il convient de souligner que la distance physique entre le client et le vendeur est souvent minime, généralement d'environ un mètre. Cette proximité favorise non seulement les échanges conversationnels entre vendeur et client, mais favorise avant tout l'opportunité de solliciter des éclaircissements immédiats sur les produits exposés. Et c'est là où se joue toute la dimension de la proximité avec le client, car elle renforce d'autant le caractère personnalisé de l'expérience d'achat, permettant ainsi au client d'obtenir des informations précises et de prendre des décisions éclairées. En somme, la démarche de vente dans un marché public transcende le simple acte de vendre pour devenir une interaction favorisant un contact direct non intrusif, instaurant dès lors un environnement d'échange et de dialogue où le client devient acteur de sa propre expérience d'achat. On l'aura compris, cette dynamique de proximité va bien au-delà de la simple transaction commerciale pour favoriser des interactions plus significatives et une compréhension plus approfondie des produits proposés.

▼ Une vente active

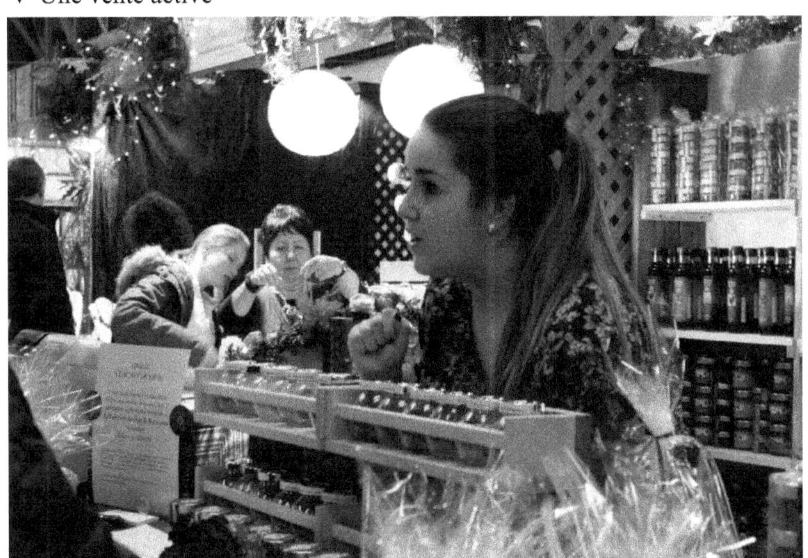

Terroir Boréal. Il s'agit du nom générique des produits bios vendus par la jeune femme de la page suivante. Ils vont des gelées de toutes sortes, en passant par des terrines, des huiles aromatisées et des condiments, jusqu'aux fines herbes et champignons cultivés au Québec. Au moment où je prenais cette photo, la vendeuse expliquait à la cliente en quoi consistait leur mode de production, d'exploitation, de suivi, et de qualité. La cliente, à deux reprises, s'est enquise des méthodes de production et de transformation de certains produits et de leur utilisation potentielle. Les explications ont dû lui sembler satisfaisantes, car elle est repartie avec plus de 55,00 $ d'achats. En fait, photographier les gens dans leurs activités c'est aussi prendre les gens comme objet de recherche, voire même comme objet central d'une démarche où la lentille sociale est en mesure de contribuer de façon importante à une sociologie de l'individu : « celle d'un individu socialisé par des dispositions et des habitudes ; celle d'un individu contraint de le devenir, étant donné les normes sociales de l'individu ; celle d'un individu reconnu par des relations ; celle d'un individu construit par une série d'épreuves[15]. »

La pratique de la photographie appliquée à l'observation des individus dans leurs activités quotidiennes revêt donc une dimension de recherche mettant en exergue le sujet humain en tant qu'objet d'étude central, qui suscite l'émergence d'une perspective socio-analytique où l'objectif photographique agit comme une lentille sociale, offrant des opportunités

---

[15] Martucelli, D., De Singly, F. (2012), *Les sociologies de l'individu*, coll. 128, 2e éd., Paris : Armand Colin, p. 12.

substantielles pour la construction d'une sociologie de l'individu. Celui-ci se présente alors comme une entité façonnée par un ensemble complexe de dispositions et d'habitudes, interagissant avec les normes sociales préexistantes. Par conséquent, l'acte photographique transcende son rôle traditionnel pour devenir un outil de déconstruction et d'analyse des strates qui composent l'individu au sein de la société contemporaine où l'individu se trouve ainsi envisagé dans une pluralité de facettes, chacune d'elles étant ancrée dans une dimension particulière de son existence sociale.

1. L'individu est appréhendé comme le produit d'une socialisation continue, marqué par l'acquisition de dispositions culturelles et comportementales qui façonnent son identité. L'objectif de la photographie, dans ce contexte, consiste à saisir visuellement les moments où ces dispositions se manifestent dans des situations réelles, contribuant ainsi à une compréhension approfondie de la manière dont les individus internalisent et expriment les normes de leur environnement social.

2. L'objectif photographique met en lumière l'influence contraignante des normes sociales sur l'individu, l'incitant à devenir conforme à un ensemble préétabli de valeurs et de comportements acceptés par la société. Les photographies capturant les interactions entre l'individu et son contexte social révèlent les tensions entre la liberté personnelle et les attentes normatives, offrant ainsi un aperçu des défis et des dilemmes auxquels chaque individu est confronté dans sa quête d'identité et d'intégration.

3. L'objectif photographique permet de mettre en évidence les relations interpersonnelles qui contribuent à la reconnaissance et à la construction de l'identité individuelle. En immortalisant les interactions entre les individus, la photographie devient le témoin visuel de certains liens sociaux qui tissent la trame des relations humaines. De ce fait, elle devient un outil pour examiner comment les individus se positionnent au sein de leur réseau social, comment ils interagissent et comment ces interactions façonnent leur perception d'eux-mêmes et leur place au sein de la société.

4. La photographie peut également être considérée comme un mécanisme de documentation des épreuves individuelles. En capturant les moments marquants de la vie d'un individu, qu'il s'agisse de succès, d'obstacles surmontés ou de moments de vulnérabilité, elle tisse un récit visuel qui reflète les étapes cruciales de la trajectoire individuelle. Cette dimension narrative de la photographie permet de contextualiser l'individu dans son parcours, d'appréhender les moments charnières et de comprendre comment ils contribuent à la formation de son identité et de son rôle au sein de la société.

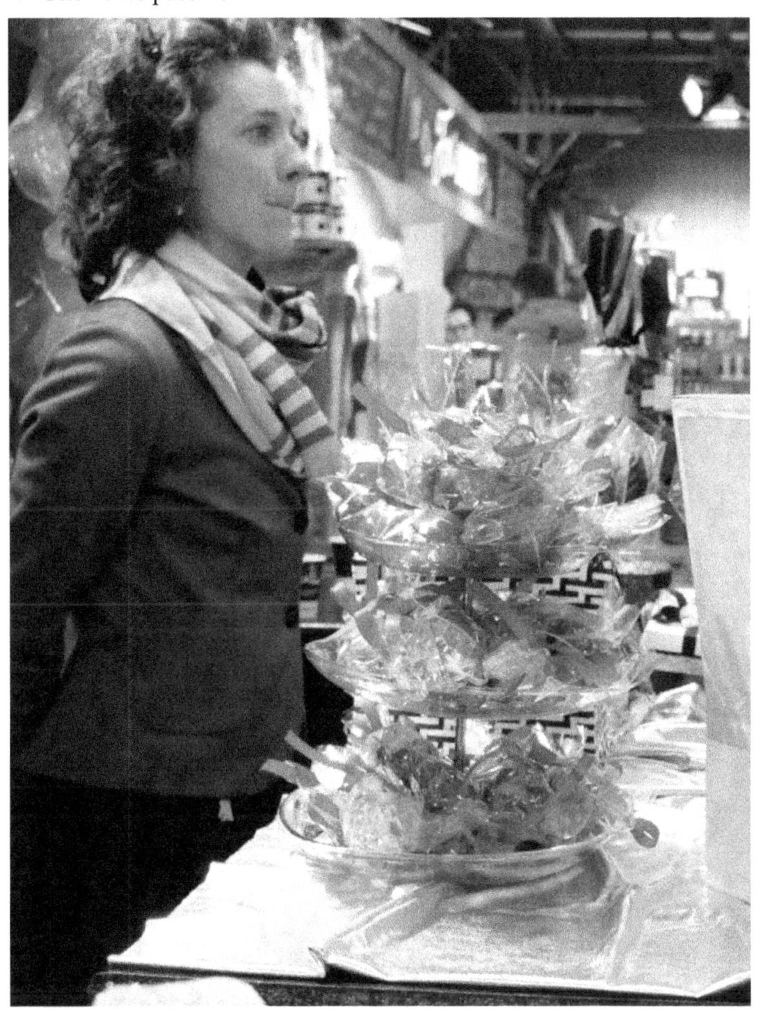

En somme, la photographie appliquée à l'étude des individus dans leurs activités insuffle une dimension nouvelle à la sociologie de l'individu. En tant qu'outil d'analyse visuelle, elle dépasse les limites de la simple représentation pour devenir une fenêtre privilégiée sur les différentes strates de l'identité individuelle dans son interaction avec le tissu social. Cette approche multidimensionnelle offre des perspectives riches pour appréhender la complexité de l'expérience humaine et la façon dont les individus naviguent à travers les dédales de la société contemporaine. Photographier la vie dans ses multiples expressions, c'est non seulement rendre compte de la société dans son ensemble, mais c'est aussi la décortiquer dans ses moindres éléments pour en révéler toute la richesse. En ce sens cette photo est intéressante pour trois raisons : (i) la posture de la vendeuse en attente d'une vente — droite, vêtue sobrement, attitude réservée — ; (ii) la distance qui sépare la vendeuse des clients, à peine un mètre ; (iii) le soin prodigué à la présentation des produits. Concrètement, tout est mis en œuvre pour faciliter la vente. À notre avis, et cet avis n'engage que nous-même en tant que sociologue, nous pensons qu'il ne sert à rien de vouloir décoder les processus à l'œuvre derrière la société si l'on est incapable de comprendre la vie des gens, la vie au ras des pâquerettes, celle de tous les jours, celle qui se traduit dans le travail, les loisirs, l'alimentation, la consommation, etc. Il faut savoir comment les gens éprouvent le monde, comment ils s'y adaptent. Et la photographie, en ce sens, permet de contribuer grandement et efficacement à différentes pratiques sociologiques : sociologie de l'individu, du corps, de la précarité, de la santé, de la consommation, du travail, etc.

À ce titre, sur la photo de la page suivante, monsieur Anthony Lauriot et sa conjointe, propriétaires du commerce *Fou du Bio*, finalisent une vente : madame poursuit la discussion avec le client, alors que monsieur emballe les achats. Comme me le faisait remarquer monsieur Lauriot, son plus grand plaisir ne réside pas dans le seul fait d'avoir réalisé de bonnes ventes dans une seule et même journée, mais bien de revoir les clients qu'il a déjà servis. Avec le temps, il a réussi à se constituer une petite clientèle d'inconditionnels. De là, toute la dimension de la proximité avec le consommateur qui se révèle, qui fait rendement, qui fait profit. Faut-il ici préciser que seule une clientèle bien nantie et conscientisée à l'alimentation bio et à une agriculture durable est susceptible d'acheter les produits proposés par monsieur Lauriot. Autrement dit, il existe bel et bien des niches commerciales qui, si elles sont adéquatement exploitées, permettent à un commerçant de tirer son épingle du jeu et de dégager des profits intéressants.

▼ Vente en tandem : la dame qui discute avec le client, l'homme qui emballe ce qui vient d'être acheté

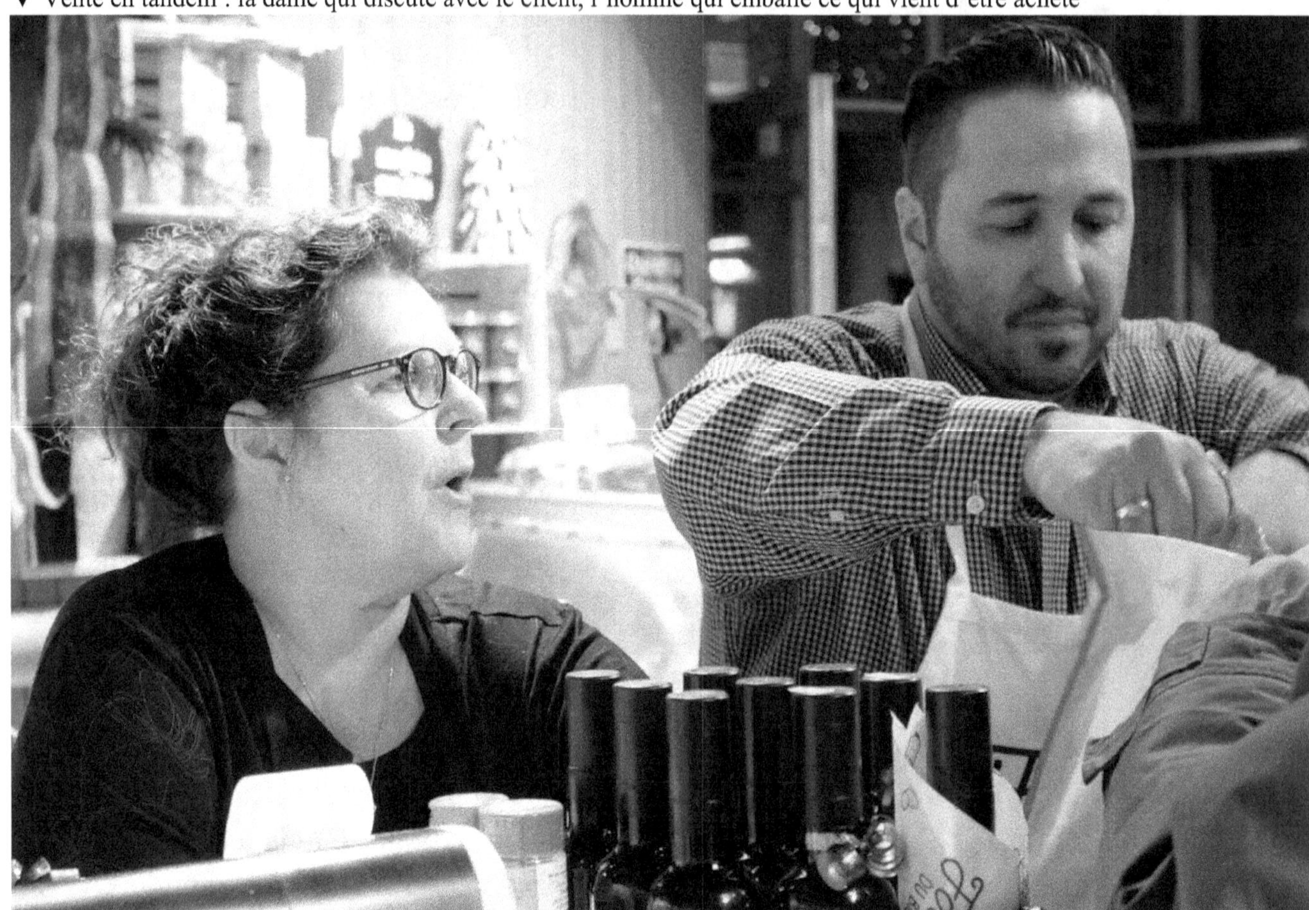

Ce qui nous a le plus interpellé dans le discours de ces commerçants à propos de l'alimentation biologique, c'est qu'ils n'en font pas une orthodoxie, alors que d'autres commerçants, qui vendent là, eux aussi, des produits biologiques, ont un discours un peu plus dogmatique sur les vertus d'une production à caractère durable, d'une mise en marché équitable et d'une consommation responsable. L'impression que la chose laisse, c'est un peu comme si ces deux commerçants s'étaient adaptés de façon tout à fait créative aux pressions du marché, tout en poursuivant leur travail pédagogique d'éducation environnementale — car ils le font encore et toujours avec leurs clients —, et qu'ils avaient relégué tout l'aspect idéaliste et activiste dans un quelconque tiroir pour faire face à la réalité commerciale. Ce choix, et s'il s'agit effectivement de ce choix, est sûrement rentable, puisque les clients n'ont cessé d'affluer et ont pour la plupart acheté quelque chose.

Les clients

Au Marché Public du Vieux-Port de Québec, deux types de clients fréquentent les lieux, pour la simple raison qu'il y a deux types de commerces qui y font affaire. D'une part, il y a les commerçants qui offrent des produits déjà préparés et prêts à la consommation qui peuvent être offerts en cadeau ou pour une consommation personnelle. D'autre part, il y a ceux, et ils sont peu nombreux, qui vendent une gamme variée de fruits, légumes, céréales, épices, fines herbes, condiments, huiles, vinaigre, et farines pour cuisiner. Dans un tel contexte, tant le rôle du commerçant que celui du client s'inscrit dans un cadre spécifique où des normes et des attentes sociales influent sur la dynamique des échanges, d'où l'idée que le commerçant et le client sont tenus par des conventions sociales qui façonnent leur comportement mutuel et régulent leurs interactions.

En ce sens, la métaphore théâtrale de Goffman, dans laquelle il compare la société à une scène de théâtre et les individus à des acteurs jouant différents rôles, offre un cadre conceptuel approprié pour analyser les dynamiques observées dans le marché public entre fendeurs et clients. Comme l'a souligné Goffman, chaque individu endosse plusieurs rôles sociaux en fonction du contexte, ce qui détermine ses interactions avec les autres acteurs sociaux. Ici, le commerçant est appelé à incarner un rôle qui va au-delà de sa propre personnalité, puisqu'il doit maintenir une attitude commerciale positive et accueillante, indépendamment de son humeur personnelle. Cette exigence découle de l'environnement de proximité caractéristique des marchés publics, où l'interaction directe avec les clients joue un rôle déterminant dans la réussite commerciale. Ainsi, le commerçant se doit d'agir comme un professionnel engagé, mettant de côté ses éventuelles préférences personnelles pour offrir une expérience agréable au client. De même, le client se voit attribuer un rôle spécifique, car il est attendu de lui qu'il adopte une attitude respectueuse et polie envers les commerçants, en dépit de ses éventuelles impressions ou expériences négatives. Lorsqu'il est sollicité à déguster des produits, le client est en quelque sorte engagé dans une performance sociale, dans laquelle il doit maîtriser ses réactions et minimiser toute insatisfaction. Cette attitude contribue à préserver l'harmonie de l'interaction et à maintenir une atmosphère conviviale lors de la transaction.

Pour illustrer notre propos, la séquence de dégustation présentée sur les quatre prochaines pages révèle à la fois le rôle social du vendeur et du consommateur. Cette séquence de dégustation installe définitivement le vendeur et la consommatrice dans leurs rôles sociaux respectifs. En fait, une transaction pré-commerciale de cette nature est socialement codée et normalisée.

La posture corporelle de la jeune femme est dans la réserve, semble dégager une certaine hésitation à goûter ou non le produit alors que la main gauche est refermée et près du cou.

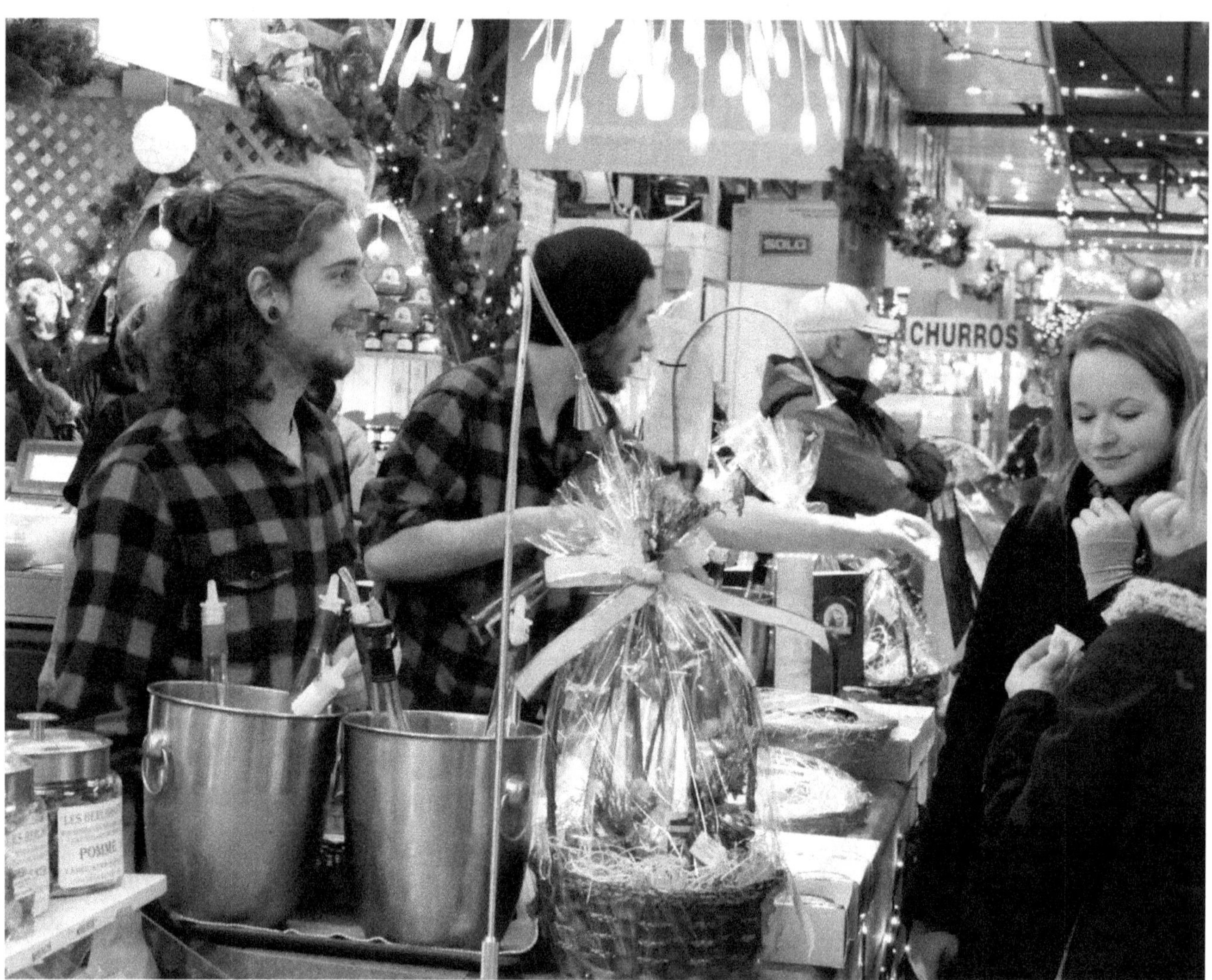

Toute la posture corporelle de la jeune femme signale l'absorption dans le propos du vendeur — mains croisées appuyées sur le ventre et tête légèrement avancée.

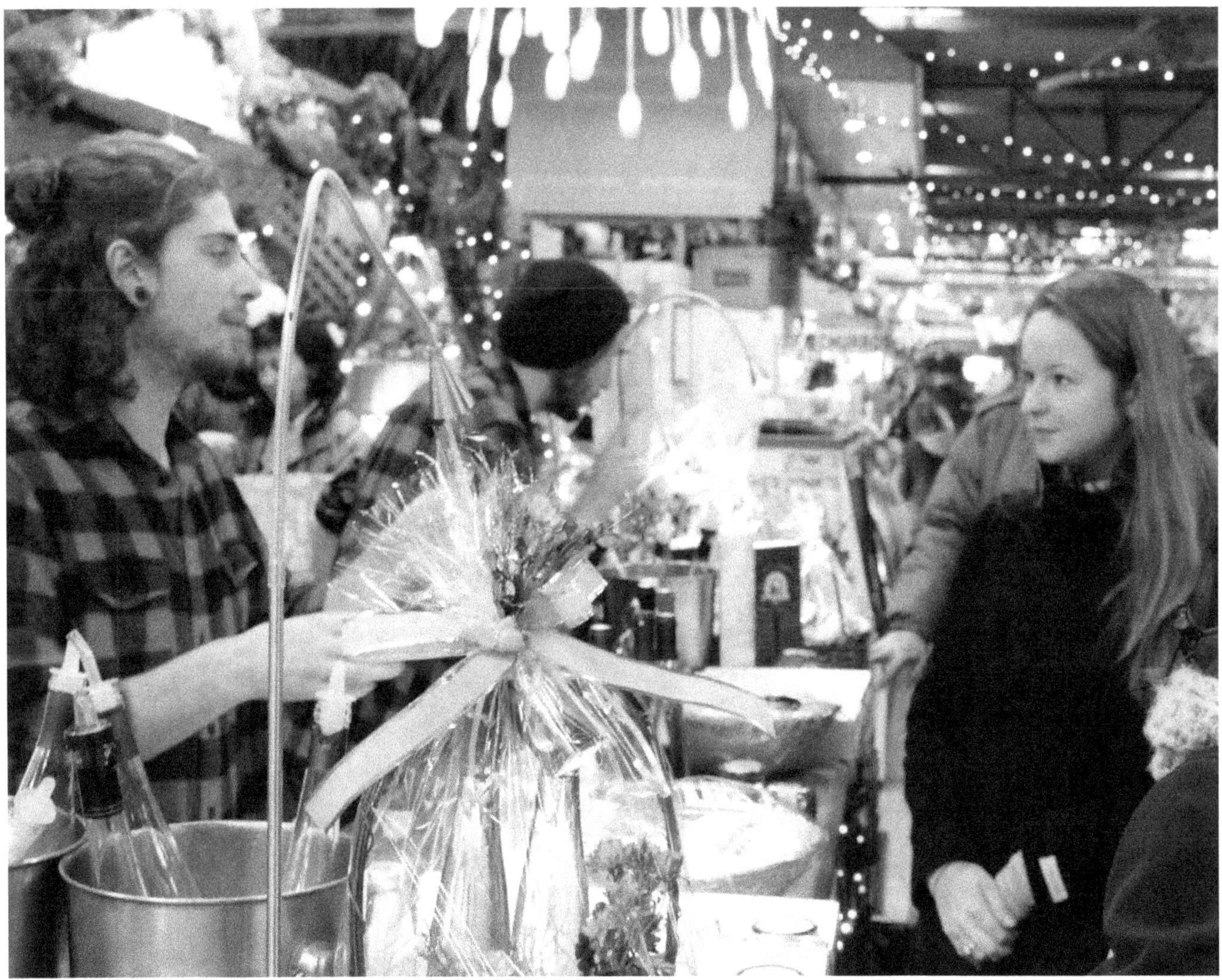

La jeune femme montre une posture corporelle encore hésitante et dans une certaine retenue : le haut du corps est légèrement projeté vers l'arrière, alors qu'il n'y a que sa main qui approche celle du vendeur.

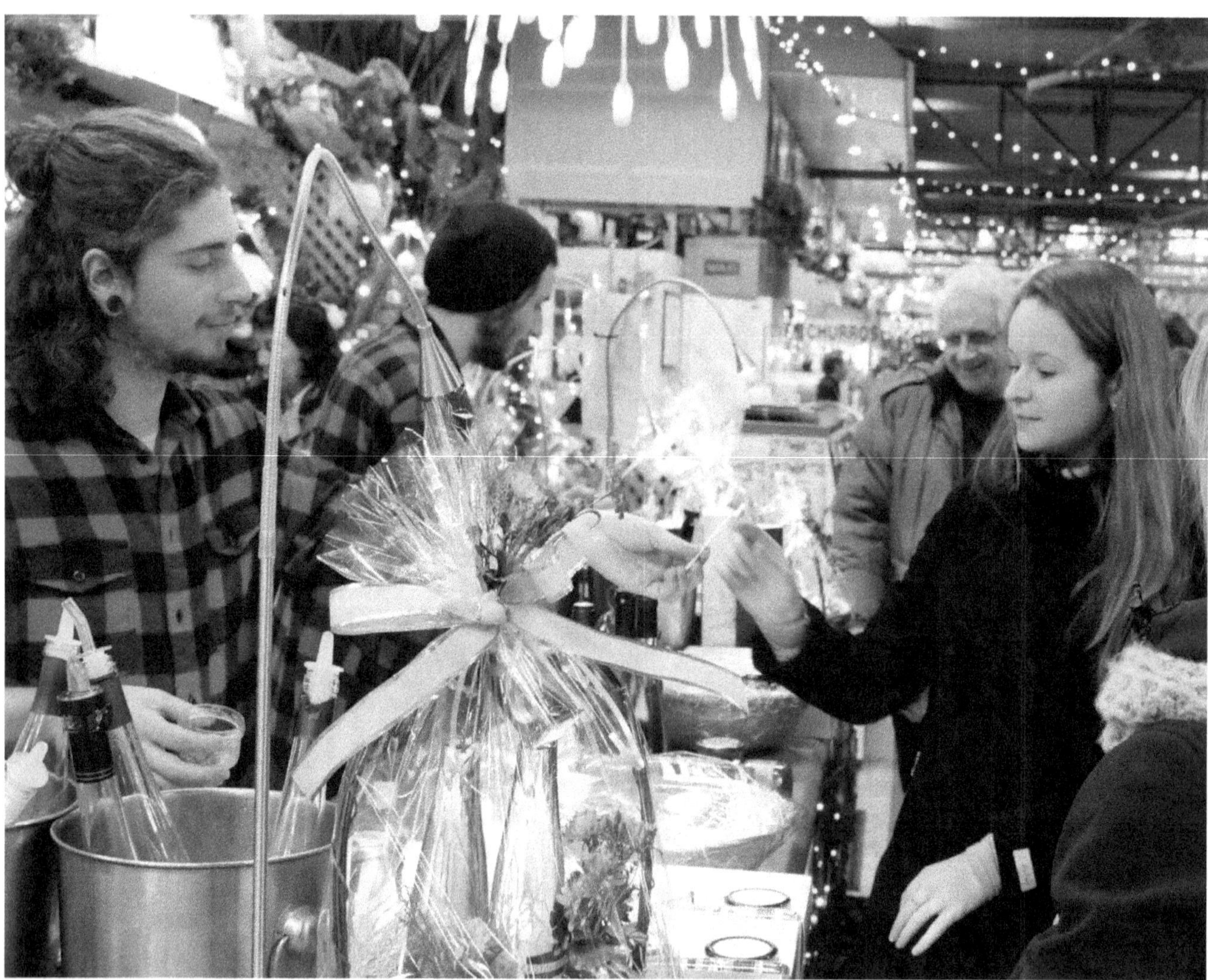

Le corps de la jeune femme revient dans sa position initiale et la tête est légèrement projetée vers l'avant pour accueillir la cuillère.

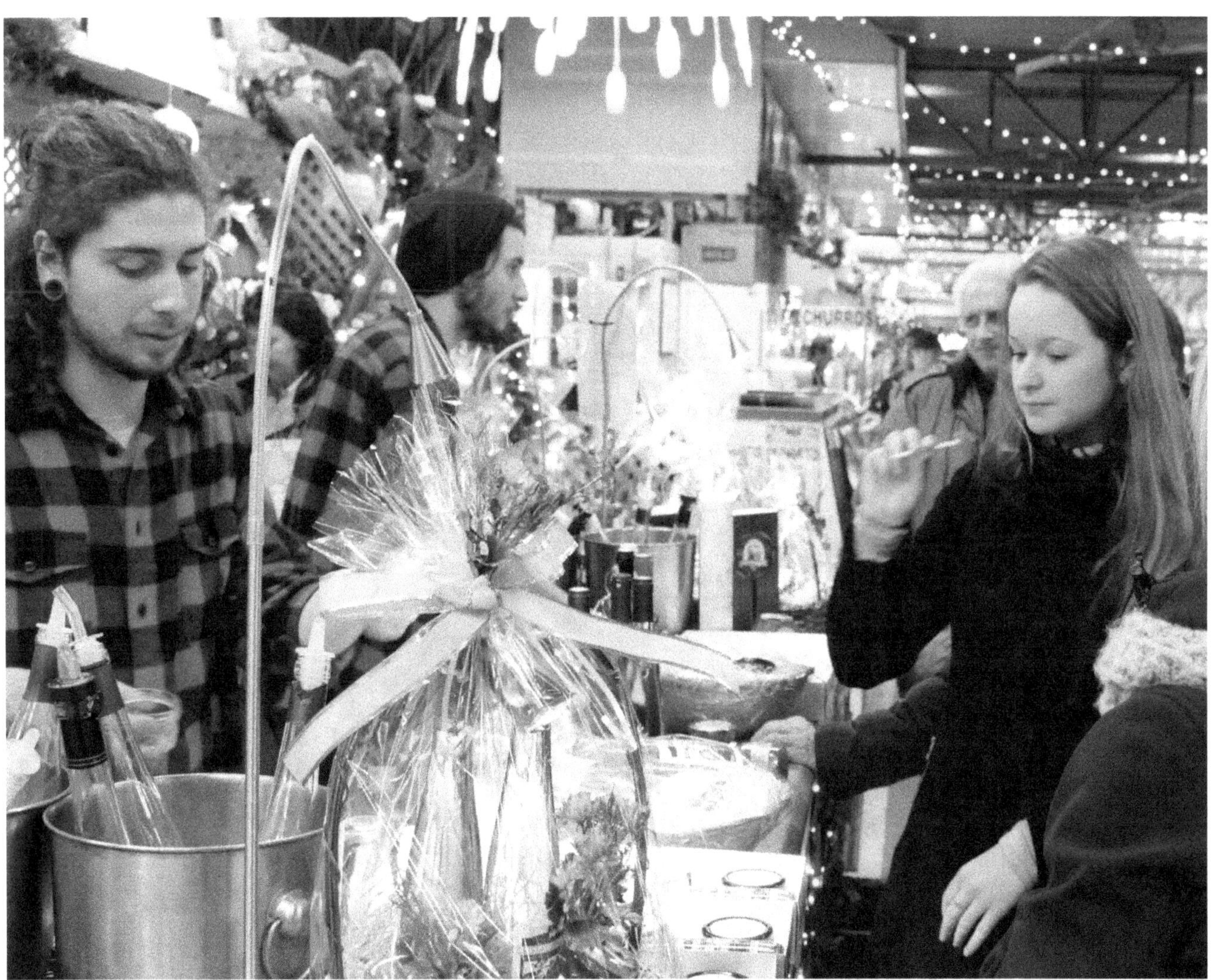

▼ L'accueil chaleureux et la bonhommie sont gage de succès

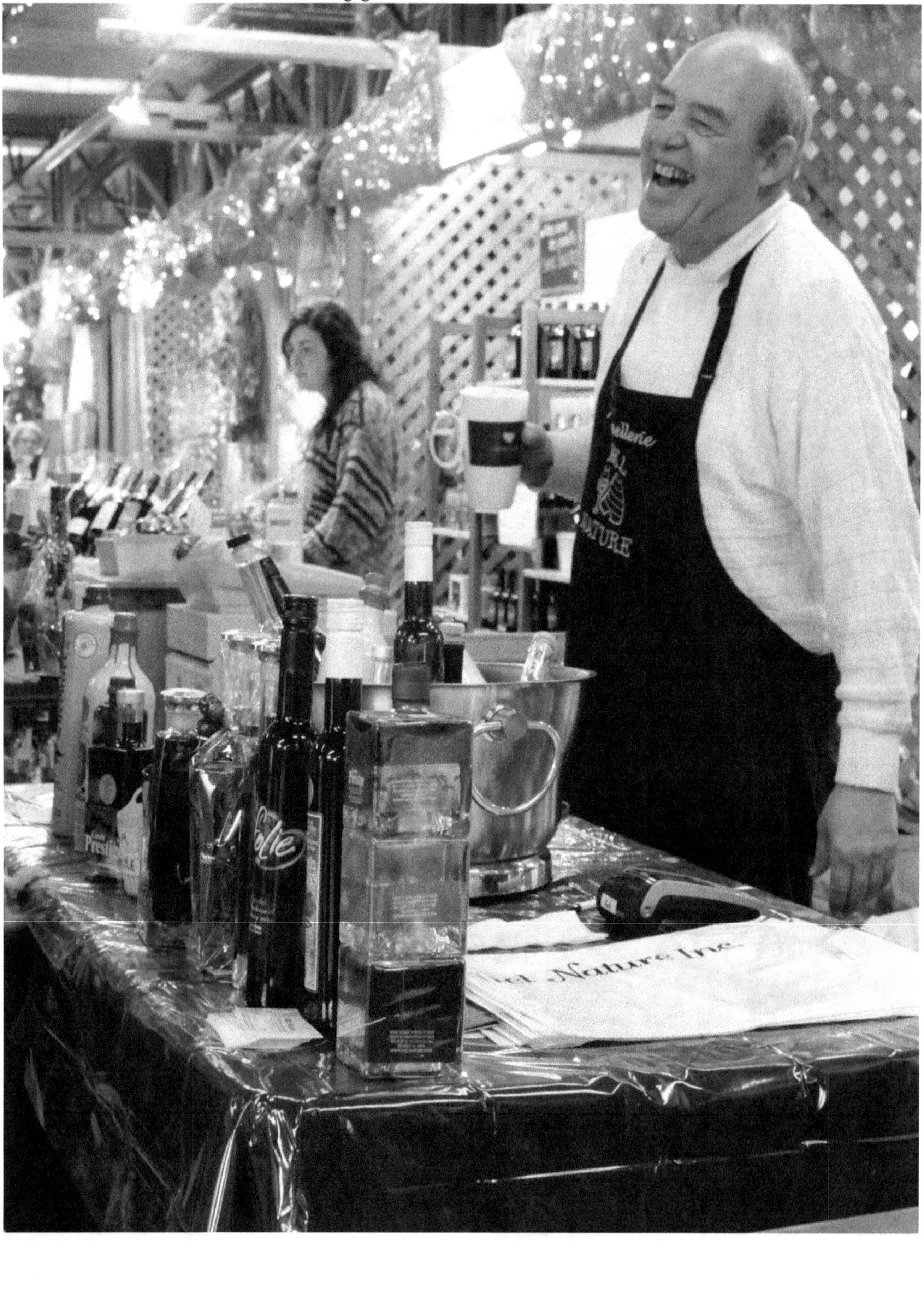

La boutique bio

Comme mentionné précédemment, le Marché Public du Vieux-Port de Québec comportait deux types de commerces : celui à aire ouverte directement accessible aux clients qui circulent dans l'espace commun, type dominant ; celui dont la configuration se rapproche de la boutique classique implantée dans un centre commercial. L'un de ces commerces m'a particulièrement interpellé : *Épices de Cru*, commerce tenu par Ethné et Philippe de Vienne. Je vous convie à la visite de cette boutique spécialisée dans les aliments et breuvages d'importation que seuls les gens relativement bien nantis et soucieux de leur santé peuvent se procurer. Ici, nous sommes non seulement dans l'alimentation et les breuvages bios, mais aussi très loin de la nourriture des supermarchés à escompte où sont offerts des aliments dont le ratio énergie/satiété est élevé.

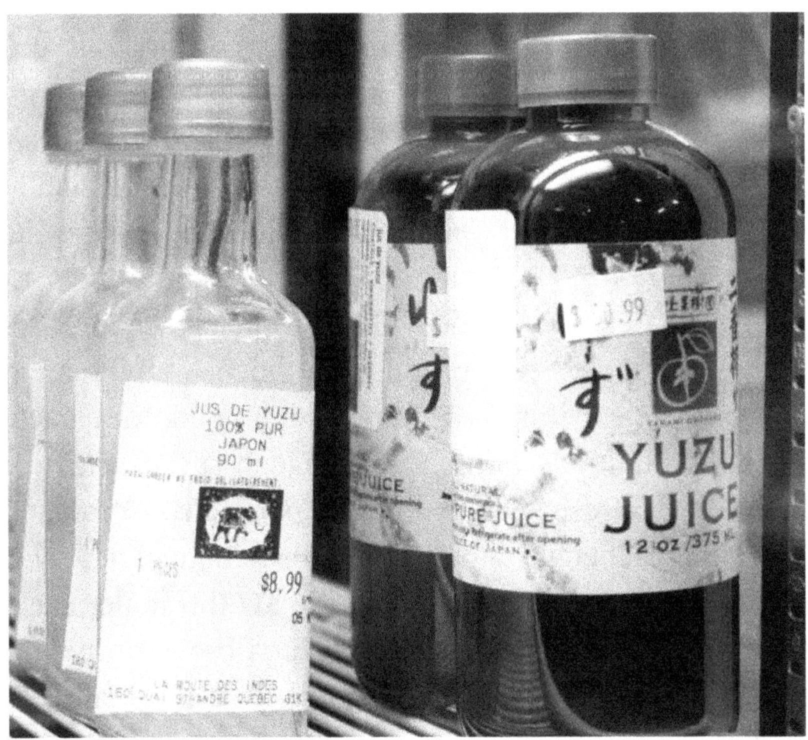

Tout juste avant de prendre cette photo, une préposée est venue avancer les bouteilles, alors qu'une jeune femme venait tout juste de déposer dans son panier la bouteille coûtant 30,99 $. Seulement à partir de cette photo, il y aurait toute une étude à faire sur la consommation de ce type de produit et ce qu'il encapsule comme valeurs sociales. Ne jamais oublier qu'un objet n'est jamais neutre socialement parlant. Le yuzu est exemplaire en la matière, agrume originaire de l'est de l'Asie, semblable à la mandarine, son jus est la plupart du temps utilisé comme condiment pour l'assaisonnement, un peu comme le jus de citron dans la cuisine occidentale. Ici, il faut peut-être envisager la possibilité que la personne qui a acheté ce produit possède une certaine culture culinaire différente de la moyenne des gens, qu'elle dispose d'un revenu largement au-dessus de la moyenne du reste de la population pour acheter ce type de condiment, et qu'elle affirme ainsi sa position sur le gradient social. Définitivement un produit d'importation, les filets de thon de la page de droite se démarquent tout particulièrement. Commercialisés par la société française Saupiquet, société qui clame dans son slogan, « *Saupiquet donne des couleurs à la mer* », les filets de thons en question sont enrobés d'un discours tout à fait particulier : « *Avec la gamme filets de thon, Saupiquet vous propose le meilleur du thon. La présentation en filets, naturelle, permet de préserver tout le*

moelleux et la saveur du thon. À déguster tel quel ou accompagné, les filets de thon sont une solution pratique et gourmande. » Mais plus encore, cette société s'inscrit définitivement dans la mouvance de la traçabilité de la provenance des aliments et de son côté naturel non transformé, d'où l'encapsulation, dans cette seule canne de filets de thon, de valeurs sociales issues de la mouvance écologiste. Choisir ces filets de thons serait affirmer son appartenance à une certaine classe sociale et afficher une certaine vertu alimentaire et environnementale

▼ Des filets de thon à 7,49 $ pour 115 gr.

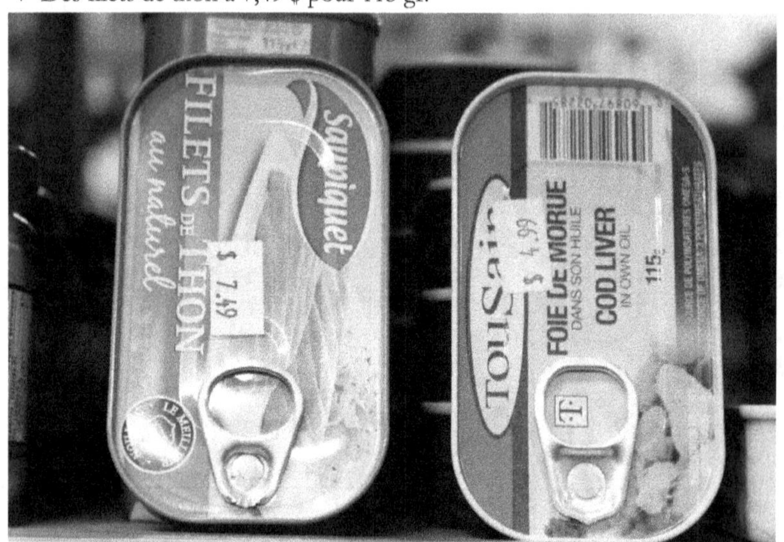

En France, ces produits sont destinés à une clientèle peu fortunée, encore que la marque Saupiquet vise plus une clientèle de classe moyenne, et on trouverait cette boîte précisément à environ 2,30 € (passage d'un statut visuel social à un autre statut visuel social, modification de la signification du repère visuel). Que signifie, au juste, la présence de ces produits au Québec ? D'une part, les importateurs savent qu'il y a une clientèle d'immigrés français qui voudront en acheter, peu importe le prix (jouer sur les produits de l'enfance, à chacun sa Madeleine de Proust !). On affiche ainsi son origine et sa classe sociale. D'autre part, le consommateur québécois local qui peut se permettre d'en acheter n'a vraisemblablement aucune idée de la valeur réelle de ces choses en France, sinon il saurait qu'il se fait avoir. Finalement, le commerçant joue-t-il sur la fibre « élitiste-écolo-snob » ou sur la fibre sentimentale, proximité avec le cousin français ? Chose certaine, pour avoir passé plus d'une heure dans ce commerce, nous confirmons que ça fonctionne.

▼ Une tartinade chocolatée de 7,99 $ pour 172 gr.

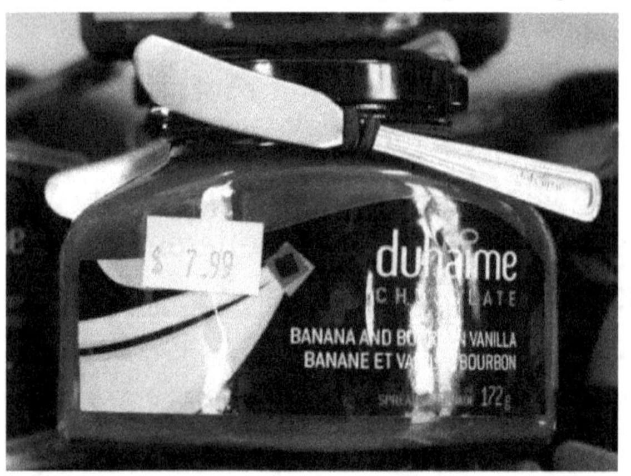

À ce titre, la tartinade de la page suivante est intéressante à plus d'un égard. Le produit, développé par la société québécoise *Duhaime Gourmet*, commercialisé dans un pot au design sobre et sophistiqué, accompagné d'un couteau griffé *Duhaime*, indique d'entrée de jeu au consommateur qu'il a devant lui non seulement un produit de qualité, mais qu'il se procure également un produit du terroir soucieux de la santé des gens : à peine 50 calories par 15 ml. Le pot de tartinade, à lui seul, encapsule des valeurs sociales qui s'inscrivent dans tout le courant de l'authenticité et des produits du terroir, particularités qui le démarque des produits alimentaires industriels : il tranche avec les tartinades chocolatées à la Nutella, signale une rupture avec le complexe agroalimentaire. Et à 7,99 $ pour 172 gr., seule une certaine clientèle en est mesure de se permettre un tel achat.

▼ Les petits délices de la Mère Poulard

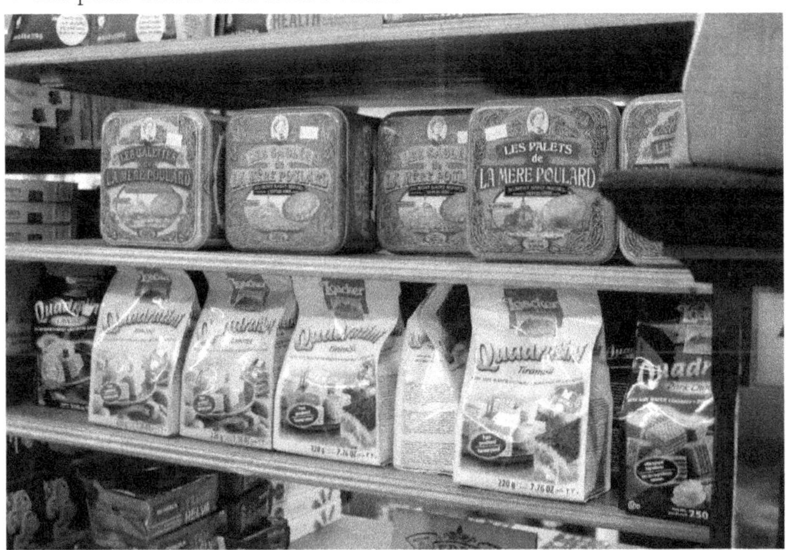

Les produits de la Mère Poulard possèdent trois caractéristiques : (i) ils sont importés de France, ce qui leurs confère une valeur de démarcation sociale pour le consommateur québécois ; (ii) il s'agit d'un produit haut de gamme, ce qu'il faut traduire par le fait qu'ils coûtent aussi cher en France qu'au Québec, pour un prix variant entre 13,99 $ et 18,99 $ le 500 gr. ; (iii) ils renvoient indubitablement à la notion d'authenticité et de produit du terroir. Les produits bénéficient d'un discours qui sied à ce type de produits et qui se décline en deux temps. Tout d'abord, la volonté de l'entreprise d'en faire un produit de consommation internationale : « Si durant plus d'un siècle, la production et la distribution des biscuits *La Mère Poulard* sont restées cantonnées à l'*Auberge de La Mère Poulard* et aux alentours [Mont Saint Michel], elle s'est développée depuis une quinzaine d'années en France et dans le monde entier. Aujourd'hui, les mangeurs de biscuits de La Mère Poulard sont partout et les délicieux produits gourmands s'exportent en France et à l'étranger dans 70 pays. » Deuxièmement, la question d'une recette originale, secrètement gardée depuis plus d'un siècle, d'où l'idée renforcée d'authenticité et de produit du terroir : « La *Biscuiterie La Mère Poulard* perpétue la tradition ancestrale de la célèbre cuisinière et propose une gamme de biscuits qui repose sur un savoir-faire unique et centenaire. Si la recette est simple — œuf, beurre, farine, sucre — le reste, c'est le secret de la Mère Poulard ! »

L'acte de commercialisation de produits de cette nature revêt une signification bien plus complexe que sa superficialité ne le laisse présager, car lorsqu'on considère la mise en circulation de produits tels que biscuits, sablés ou galettes, il devient manifeste que leur acquisition ne saurait être reléguée à une simple transaction économique. En réalité, cet engagement commercial témoigne d'une dimension profondément ancrée dans le tissu social, révélant une intention subtile de manifester son statut social.

S'inscrivant dans une dynamique socioculturelle plus large, l'invitation d'amis à partager ces mets délicats, bien que réduite à une expérience gastronomique en apparence, transcende cette fonction utilitaire pour se transformer en une manifestation complexe de position sociale. Les produits à la fois raffinés et ostentatoires, qui sont arborés dans de tels contextes, dévoilent une intention sous-jacente de communication non verbale. En dépit de la possibilité de s'abstenir de la consommation directe de ces produits, l'acte d'achat en lui-même confère une signification déterminante : il délimite une frontière symbolique entre les strates sociales et souligne subtilement la place de l'individu sur le gradient social.

Il convient également de souligner que cette interprétation transcende le spectre purement matériel de la transaction commerciale. Au-delà de la dégustation ou de la satisfaction personnelle liée à la consommation de ces mets, c'est l'acte même de les acquérir qui est porteur de signification. En agissant ainsi, l'individu signale sa familiarité avec les normes de consommation associées à un certain niveau de statut social et projette une image de distinction, voire d'exclusivité, dans un paysage social où les biens consommables deviennent des agents silencieux de communication. L'analyse de cet aspect subtil de la dynamique sociale invite à une réflexion plus profonde sur les interactions entre consommation, identité et statut. Loin de se restreindre à une simple transaction économique, l'achat et l'invitation à partager ces produits éminemment visibles révèlent des couches plus profondes d'expression identitaire et d'aspiration sociale. À travers ces choix de consommation, les individus façonnent leurs identités sociales et définissent leur positionnement relatif dans la structure sociétale.

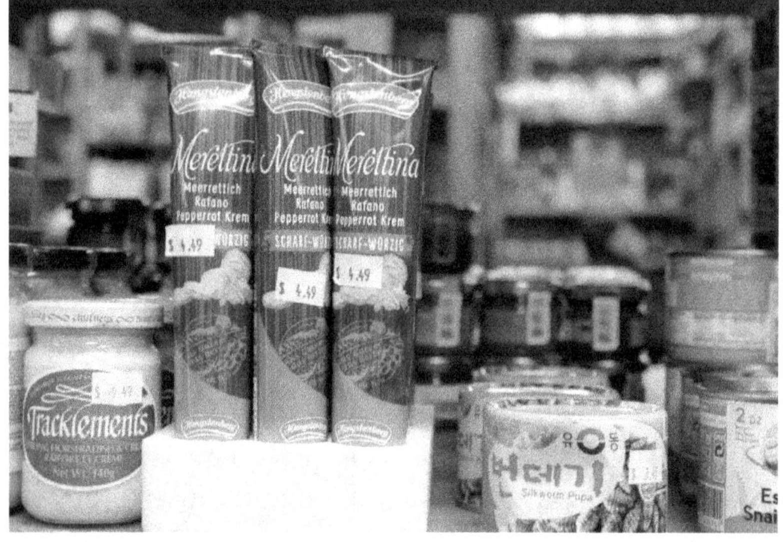

À ce titre, cette photo est particulièrement éclairante : les produits offerts à la vente, originaires de différents pays, ne sont pas des aliments ou condiments d'utilisation courante au Québec. Par exemple, les pots de pupes de vers à soie chrysalide (*silkworm pupa*), si tant est que le client veuille s'aventurer sur le terrain de la consommation d'insectes, montre la dichotomie de ce produit une fois installé dans une cuisine québécoise : en Corée du Sud, ce produit est un encas populaire, l'équivalent de la barre tendre en Amérique du Nord en quelque sorte, tandis qu'au Québec, il signale soit une distinction sociale, soit une simple curiosité alimentaire. L'autre constat qui se dégage de cette photo, c'est que les produits en provenance d'autres parties du monde n'auraient pas leur contrepartie équivalente en termes de qualité en Amérique du Nord. Le meilleur exemple en est donné par le raifort, en pot (*horseradish* des anglais) ou en tube (*pepperot* des norvégiens). Dans la majorité des grandes surfaces québécoises et canadiennes, il est possible de trouver du raifort produit en Amérique du Nord ou produit localement par de petits producteurs. Que signifie le fait d'acheter du raifort au coût exorbitant de 9,40 $ le 140 gr., sinon de se distinguer socialement ? Il faut dire les choses clairement, tout achat signale l'appartenance à un groupe social déterminé et/ou l'adhésion à certaines valeurs sociales.

▼ Une soupe de poissons à base de poissons frais à fort prix

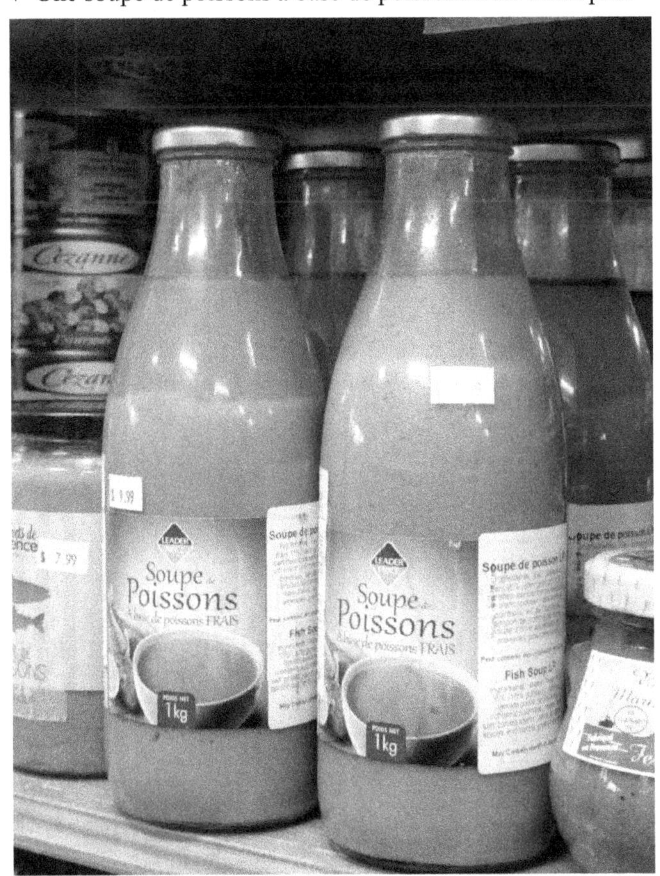

Les produits *Leader Price* vendus au Québec (photo de la page précédente), à moins que le consommateur québécois ne le sache pas, sont des produits d'entrée de gamme en France. D'ailleurs, *Leader Price* se positionne comme « *une enseigne où l'on peut concilier prix bas et plaisir* » et c'est « *le choix malin pour vivre bien* ». Ce qui devrait particulièrement retenir notre attention, en tant que consommateur, c'est le discours proposé par cette société autour de ses propres produits. J'ai souligné en italique les éléments les plus importants à retenir : « Chez *Leader Price*, nous *luttons* chaque jour pour vous offrir des *prix bas* et des *produits de qualité* rigoureusement sélectionnés. Chez *Leader Price*, nous proposons chaque jour des viandes, des fruits et des légumes de saison, en privilégiant l'*origine France* et à prix *Leader Price*. *Leader Price*, c'est près de 600 magasins à *taille humaine*, partout en France, où l'on peut avoir des prix bas *à côté de chez soi*. Chez *Leader Price*, offrir une *expérience d'achat* agréable, c'est une *question de respect*. C'est pour cela que nous travaillons à la rénovation de nos magasins et de nos emballages. Chez Leader Price, les prix bas sont permanents et les produits sélectionnés, pour vous offrir un choix juste répondant aux besoins du quotidien, sans superflu. »

D'une part, il y a cette idée que cette entreprise *lutte* pour le plus grand bien de ses consommateurs. Pour rappel, une entreprise est là pour faire des profits et non pour faire la charité. De plus, la *lutte* dont il est ici question est avant tout soumise aux conditions générales du marché des denrées alimentaires sur lequel *Leader Price* a peu d'emprise :

elle ne fait qu'acheter en grandes quantités des produits offerts par des producteurs ou de grands distributeurs dont le prix est déjà fixé. Conséquemment, vendre à bas prix oblige à mentionner que même si le prix est bas, il est tout de même de qualité. Ce discours entre dans la même logique que celui des politiciens qui disent couper dans les services dédiés aux citoyens pour mieux les servir : faire plus avec moins. D'autre part, *Leader Price* joue sur cinq tableaux au niveau de l'affect : l'origine de la provenance des produits, jouer sur la fibre nationale ; des commerces à taille humaine, jouer sur l'entre soi ; des commerces tout près de chez soi, jouer sur le concept de commerce de proximité ; des produits répondant aux besoins du quotidien, jouer sur la consommation responsable ; offrir une expérience d'achat — Saint Graal des commerçants —, jouer sur l'immersion émotive.

Les bouchées de gaufre tiramisù (photo des produits de la Mère Poulard), fabriquées par l'entreprise italienne *Loacker*, entrent non seulement dans la logique de la distinction sociale, mais aussi dans celle d'une certaine culture alimentaire plus variée que la moyenne des gens. Autre fait intéressant, si au Québec, un sac se vend au prix de 5,49 $ le 220 gr., chez Walmart, aux États-Unis, il se vend 28,98 $. D'une part, comment est-il possible de retrouver ce type de produit chez Walmart, qui est une grande surface à escompte ? D'autre part, pourquoi Walmart vend-elle ce produit à un prix aussi exorbitant ? Cela entre-t-il dans la logique de la distinction sociale ?

Cuisiner à fort prix

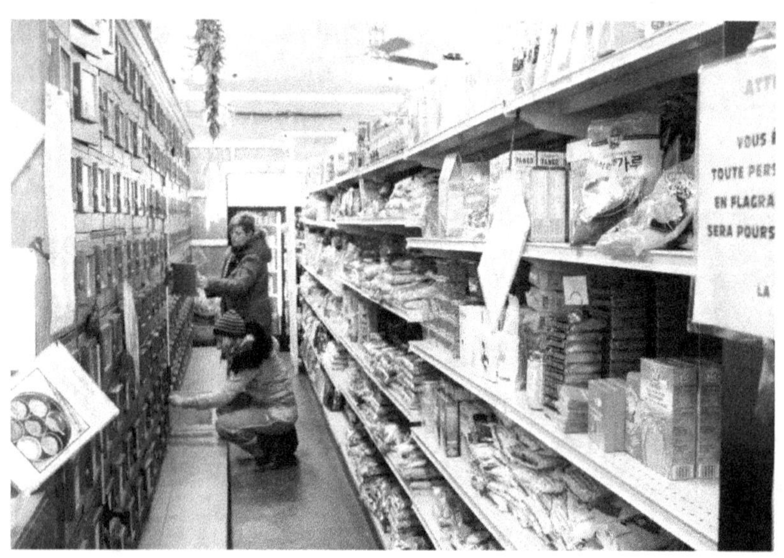

Chez *Épices de Cru*, situé dans l'aile ouest du Marché Public du Vieux-Port de Québec, un imposant présentoir d'épices et fines herbes a été installé, comme en témoigne la prochaine photographie. L'espace est restreint, seulement une dizaine de clients peuvent être présents en même temps, autrement c'est la cohue. La fin de semaine venue, il s'agit de la portion la plus fréquentée de ce commerce et essentiellement par des femmes. Il y a peut-être là une étude de genre à faire relativement aux épices et les femmes.

Autre constat pertinent, le prix de 5,49 $ pour 88 gr. d'épices à steak, une fois de plus, rend compte du type de clientèle à qui est destiné l'ensemble des produits de ce commerce et ce constat occulte en fait une autre réalité. D'un côté, l'ubiquité des émissions télévisées, des sites Internet et des applications dédiées à l'art de cuisiner expose une prolifération de représentations qui convergent vers un message en apparence paradoxal. Alors que des figures éminentes de la gastronomie et des experts en nutrition font incessamment valoir les bienfaits intrinsèques de l'art de cuisiner comme garant d'une alimentation salubre et vecteur d'un idéal de bien-être corporel, il est simultanément constaté que la conjoncture contemporaine laisse peu de marge au temps imparti à cet exercice. En effet, les obligations professionnelles, dont l'emprise est proportionnellement grandissante, exercent une compression sur cet intervalle temporel dévolu à la préparation culinaire. De surcroît, cette contrainte temporelle se voit exacerbée par la superposition des engagements éducatifs, consubstantiels à la scolarité des enfants, ainsi que par l'éventail toujours plus vaste d'activités parascolaires auxquelles ces derniers s'adonnent.

Si, à première vue, cette dualité inhérente à la sphère culinaire témoigne de la complexité des dynamiques socio-culturelles contemporaines, il y a, d'une part, le discours véhiculé par les médias qui valorise la confection maison de mets, la présentant comme l'épitomé de la prudence alimentaire et du mode de vie équilibré. D'autre part, des praticiens renommés de la haute cuisine, conjugués à des diététiciens éminents, insistent sur la corrélation positive entre la préparation autonome des repas et la promotion d'une alimentation consciente et nutritive. Ce paradigme culinaire a donc été érigé en tant qu'archétype de la symbiose entre l'acte créateur de cuisiner et la quête d'une vitalité optimale. Comme nous l'avons démontré dans notre thèse de doctorat, même s'il semble y avoir corrélation entre cuisiner et santé, il n'y a pas pour autant de cause à effet claire et déterminée[16].

Paradoxalement, cette vénération contemporaine de la cuisine se heurte à une réalité intrinsèquement empreinte de contraintes temporelles et de responsabilités multifacettes. Le rythme effréné de la vie professionnelle tend à aliéner l'individu de la préparation culinaire méticuleuse, engendre quasi de facto une dépendance accrue envers les alternatives préparées commercialement. De plus, la sphère éducative et le suivi des activités des enfants imposent une dilapidation supplémentaire du temps familial, réduisant davantage l'opportunité de dédier des moments substantiels à l'art culinaire. L'évolution contemporaine du concept de repas, de la fonctionnalité vers l'efficacité, se révèle donc en résonance avec cette dualité. Et comme le soulignait la sociologue Sharon Hays[17], le message envoyé par tous ces chefs et nutritionnistes qui occupent une part non négligeable du temps médiatique, cuisiner renvoie à cette idée qu'une bonne mère doit non seulement s'occuper adéquatement de ces enfants, mais aussi les nourrir de la façon la plus saine possible. Conséquemment, les repas cuisinés à la maison seraient devenus le symbole d'une affection maternelle garante de la stabilité familiale dans le but de fournir à la société des citoyens productifs et en santé. En ce sens, cuisiner, dans les conditions actuelles,

---

[16] Fraser, P. (2015), *Les conditions d'émergence de la lutte contre l'obésité*, thèse de doctorat en sociologie soutenue le 7 septembre 2015, Université Laval. URL : http://hdl.handle.net/20.500.11794/26807.
[17] Hays, S. (1996), *The Cultural Contradictions of Motherhood*, New Haven : Yale University Press.

correspondrait ni plus ni moins qu'à une fraude, pour la simple raison qu'il est pratiquement impossible de parvenir à ce que chefs et nutritionnistes clament sur toutes les tribunes.

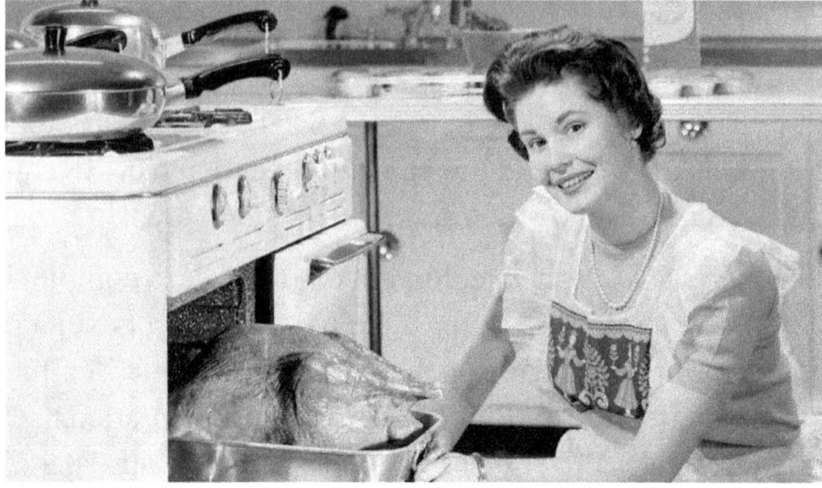

En fait, l'idée de cuisiner, concocter et mijoter des plats « santé » pour toute la famille relèverait d'un idéal qui reflète avant tout les aspirations d'une élite sociale, celle des *foodies*. Cette idée romantique du plat cuisiné à la maison, où tous les membres de la famille se réunissent ensemble pour manger et discuter ensemble, où la cuisine est un laboratoire équipé des dernières technologies en matière de préparation alimentaire, où la cuisine est aussi un lieu où la sécurité alimentaire est non seulement assurée, mais renvoie également à une alimentation savoureuse digne d'un chef, est une fausseté absolue, une version romancée de ce qu'est l'activité culinaire. Au total, il se pourrait bien que cette idée de cuisiner à la maison ne soit qu'une savoureuse illusion, une illusion à la fois moraliste et élitiste déconnectée de la réalité des gens pour qui l'activité culinaire, telle qu'elle est actuellement présentée, est un impossible rêve.

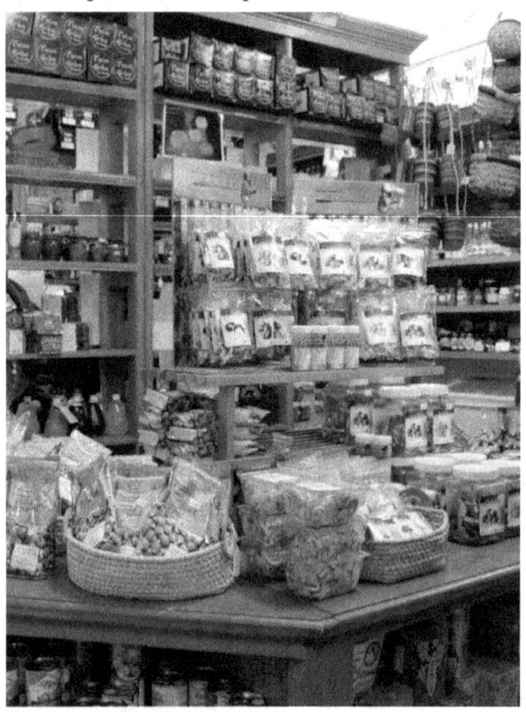

Et cet impossible rêve est bien incarné par ce type de présentoir, car il en met plein la vue. Certes, l'espace est restreint et il faut le maximiser, sans compter que la mise en place des produits renvoie également à une présentation conçue de façon à se distancier des supermarchés. Le client qui entre ici sait qu'il est dans un commerce qui se veut proche du client, c'est- à-dire la petite boutique, le petit commerce de quartier, où le propriétaire cherche à créer une ambiance de consommation conviviale. Évidemment, ce présentoir, à lui seul, avec ses produits importés et raffinés, inscrit toute une classe de repères sociaux et visuels qui jouent invariablement sur la fibre « élitiste-écolo-snob » du consommateur.

En conclusion, l'intersection entre la culture culinaire et les impératifs temporels constitue un terrain fertile pour l'analyse sociologique. Si, d'un côté, l'omniprésence médiatique incite à embrasser la cuisine comme vecteur de bien-être corporel et d'hygiène alimentaire, d'un autre côté, la réalité moderne, caractérisée par la prévalence des engagements professionnels et éducatifs, entrave souvent la réalisation pratique de cette aspiration. Cette tension, emblématique des dilemmes de la vie contemporaine, appelle à une
réflexion approfondie sur les transformations socio-culturelles qui sous-tendent ce paradoxe et leurs implications sur les choix alimentaires et les modes de vie individuels.

BANQUE ALIMENTAIRE

À LA BANQUE ALIMENTAIRE

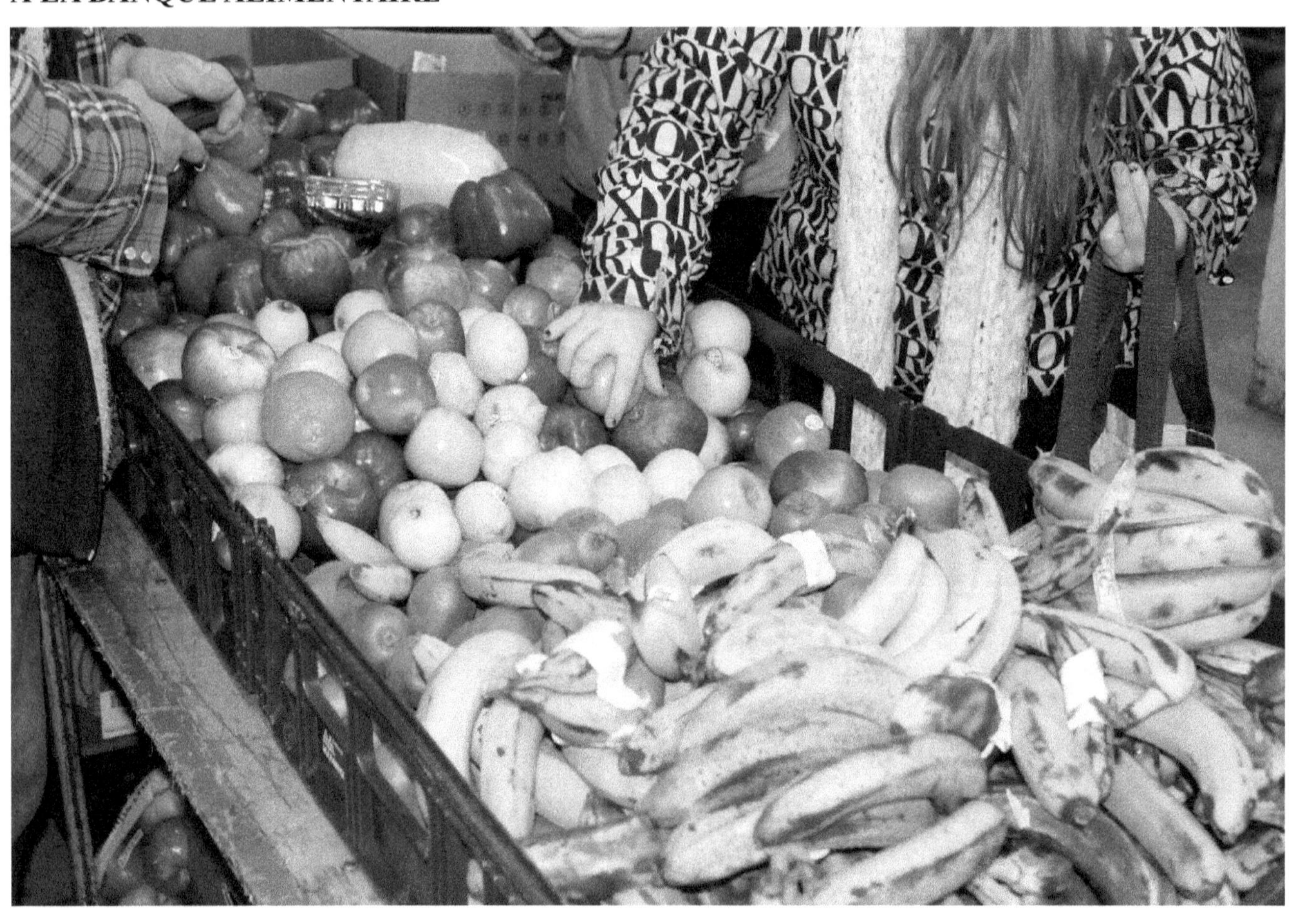

À la banque alimentaire

Pierre FRASER[1]

Citer cet article

Fraser, P. (2023 [2020]), « À la banque alimentaire », *Sociologie Visuelle*, n° 2, Pierre Fraser et Georges Vignaux (éds.), Québec : Photo|Société, pp. 81-92.

Affiliations

1 Pierre Fraser, directeur de la revue *Sociologie Visuelle*.

Résumé. — La banque alimentaire est dans une tout autre logique que celle du marché public. Elle ne s'inscrit ni dans la mouvance de l'écologisme, ni dans celle de l'authenticité et de la rusticité, ni dans celle du mode de vie sain, ni dans celle du travail équitable, loin de là. Elle s'inscrit plutôt dans une logique de survie et non celle de la durabilité, d'entraide sociale et de bénévolat. Nous sommes ici à mille lieues de tous les grands courants hygiénistes planétaires qui travaillent et traversent la société. Il s'agit de pourvoir à un besoin aussi fondamental que celui de se nourrir.

Mots-clés. — Banque alimentaire ; photographie ; stratification sociale.

Afin de permettre au lecteur de saisir toute la portée de ce qui exposé dans cet article, nous lui suggérons de visionner ces deux vidéos.

J'ai faim…
https://youtu.be/Ptbl0vee1zA

Quand la faim justifie les moyens
https://youtu.be/JCLTG1-8i1U

Au Canada, les banques alimentaires prennent racine au début des années 1980[18]. Le phénomène n'est donc pas récent et informe sur des transformations et des mutations qui surviennent à cette époque dans la société canadienne. Constat intéressant, cette montée des banques alimentaires survient au même moment où le néolibéralisme commence à prendre forme et à s'implanter, où la mondialisation intéresse non seulement les entrepreneurs, mais également les politiciens qui voient dans ce modèle de nouvelles opportunités. Du début des années 1980 à venir jusqu'en 1997, le Canada a été confronté à des niveaux de pauvreté, de chômage et de sous-emploi jamais inégalés depuis la fin de la Seconde Guerre mondiale. Dans la foulée de ces changements, les communautés ont eu peine à trouver des mesures pour contrer cette montée de la faim et des sans- abris. Une solution s'est alors imposée : mettre sur pied des banques alimentaires en faisant appel à la générosité des citoyens, des entrepreneurs et des supermarchés. Dans le même souffle, pour venir en aide aux sans-abri de plus en plus nombreux, de nouveaux organismes communautaires sont créés et ont pignon sur rue pour héberger plusieurs d'entre eux la nuit venue. Dans un pays nordique comme le Canada, en plein hiver, il s'agit plus que d'un service essentiel. Il s'agit avant tout de compassion humaine.

▼ Bien avant la distribution, il y a tout un travail de récolte des denrées

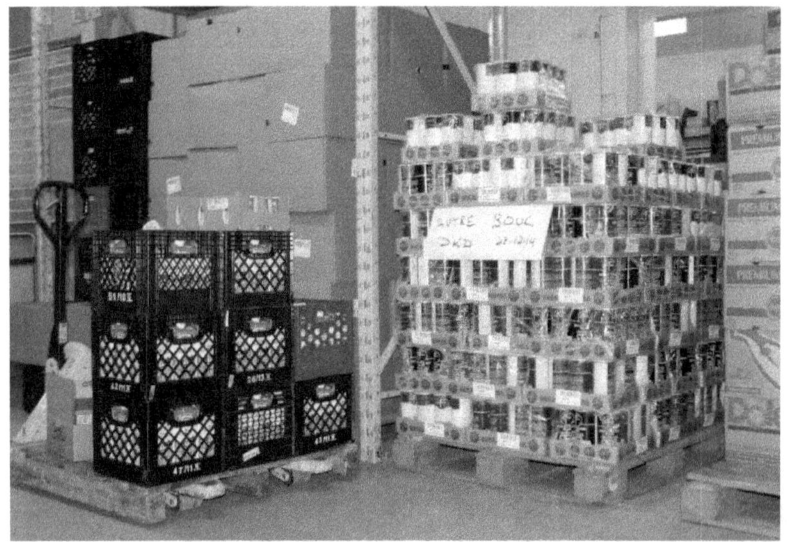

En 1989, au Canada, plus de 1,4 million de personnes bénéficiaient d'une assistance alimentaire. En 1997, ce nombre avait doublé[19]. Dans le même temps, deux nouvelles expressions pour traduire cette réalité apparaissaient : insécurité alimentaire et vulnérabilité nutritionnelle. Ces nouvelles expressions seront rapidement intégrées dans la novlangue des politiciens à l'aune de la tendance du *politically correct*. Elles procureront un avantage certain à l'État en rendant plus difficile toute forme de contestation des mesures sociales qu'il prévoit mettre d'avant. Il n'est plus du tout question de la notion d'« avoir faim », mais bien de reléguer aux oubliettes ce concept beaucoup trop connoté pour le remplacer par quelque chose de mesurable. Dire qu'il y a une insécurité alimentaire permet de chiffrer des besoins et des populations. Dire qu'il y a une vulnérabilité nutritionnelle permet de quantifier ce qui est déficient dans

[18] Tarasuk, V., & Eakin, J. (2018), « Food Banks and Food Insecurity: Pathways to Addressing Food Inequality in Canada », dans G. Riches, T. Silvasti & R. Walker (Éds.), *First World Hunger Revisited: Food Charity or the Right to Food?*, pp. 53-82, New York :Palgrave Macmillan.
[19] Tarasuk, V., & Eakin, J. (2018), *op. cit.*

l'alimentation des personnes qui souffrent d'insécurité alimentaire. Tout ça n'est pas anodin et évacue en partie, par le fait même, toute idée de critiquer les positions de l'État, car ce dernier s'appuie sur des données mesurables, d'où la mise en application de certaines politiques censées amoindrir les impacts du fait d'avoir faim. Aujourd'hui, la personne démunie n'a pas faim. Elle souffre d'insécurité alimentaire, ce qui est très différent, car un problème d'insécurité ne peut être une situation permanente, mais bien une situation ponctuelle. On ne meurt pas d'une insécurité.

Dès 1999, au Canada, certaines femmes, vivant des situations inquiétantes de pauvreté, préféraient se priver de leur propre repas pour augmenter la portion alimentaire de leurs enfants[20]. En 2001, réagissant à cette situation, le gouvernement du Québec consentait une somme de 815 millions de dollars, répartie sur trois ans, pour lutter contre ce mal rampant, dont 100 millions dévolus à des investissements structurants devant favoriser l'émergence de nouvelles initiatives de solidarité sociale. Quinze ans plus tard, force est de constater l'échec de telles mesures, car de tous les secteurs d'activité économique de la province de Québec, celui des banques alimentaires n'a cessé de croître depuis 2001.

▼ Des bénévoles préparent des boîtes de denrées

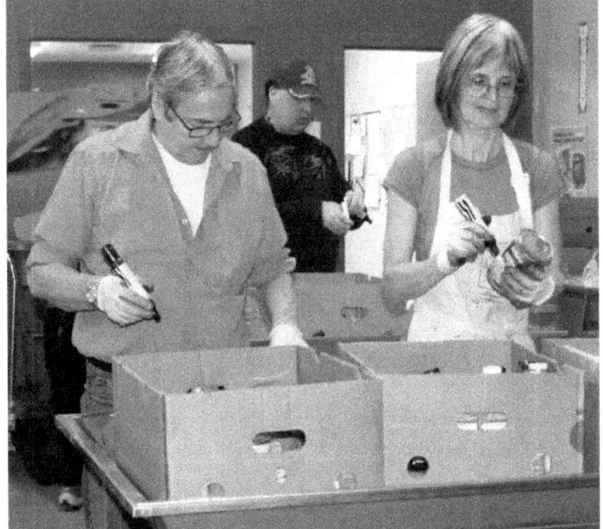

▼ Le code barre est oblitéré pour éviter la revente

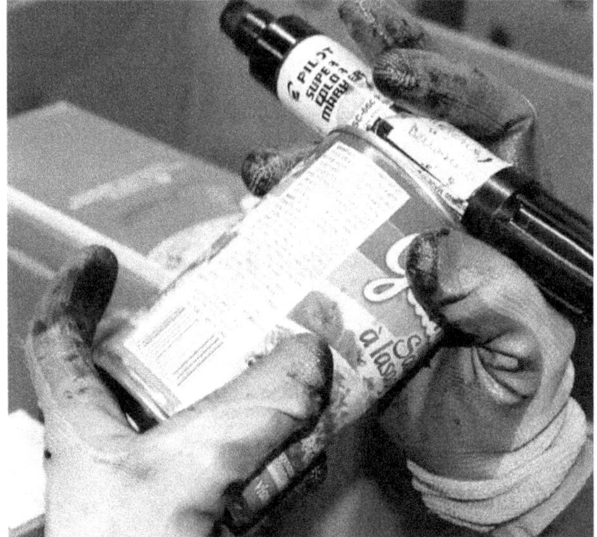

Le processus en amont au sein des banques alimentaires, là où convergent les denrées alimentaires récoltées, requiert une approche managériale exceptionnellement élaborée afin d'assurer une gestion optimale des stocks. Dans cette phase cruciale de la chaîne d'approvisionnement humanitaire, la moindre marge d'erreur est intolérable. En effet, le secteur humanitaire, autrefois caractérisé par sa souplesse et son orientation altruiste, est désormais profondément influencé par les impératifs d'une gestion méthodique, d'une rigueur professionnelle et d'une définition minutieuse des objectifs, et cette évolution reflète inévitablement une adaptation incontournable à une réalité où les ressources doivent être gérées

---

[20] Tarasuk, V., & Eakin, J. (2018), *op. cit.*

avec une précision presque commerciale pour répondre aux besoins croissants et complexes.

En fait, les normes opérantes dans le secteur commercial ont transcendé leurs frontières traditionnelles pour modeler les pratiques des organisations humanitaires. Cette infiltration des méthodes commerciales dans le domaine humanitaire témoigne de l'accent mis sur l'efficacité et la performance, puisque les contraintes budgétaires et les pressions pour obtenir des résultats tangibles ont poussé les acteurs humanitaires à adopter une mentalité empruntée à l'entreprise où une influence conjuguée avec la pression de maximiser les ressources limitées a engendré une transformation profonde dans la manière dont les associations humanitaires opèrent et prennent des décisions.

Il ne faut pas également occulter le fait que cette orientation vers la gestion axée sur les résultats n'est pas sans contradictions. Les associations humanitaires, qui ont traditionnellement reposé sur des valeurs de fraternité et de bénévolat, se trouvent souvent devant un dilemme, car les valeurs profondes qui les animent peuvent être en conflit avec l'impératif de performance rigoureuse. La tension entre ces deux pôles, entre l'humanitarisme altruiste et la rationalisation pragmatique, est susceptible d'engendrer des défis internes et éthiques, à savoir la préservation de l'âme humanitaire tout en garantissant une gestion efficiente constitue un équilibre complexe à maintenir. S'agit-il pour autant là d'un faux débat articulé autour de la soi-disant grandeur de la mission humanitaire ? La question mérite d'être posée.

▼ Une boîte typique de denrées alimentaires

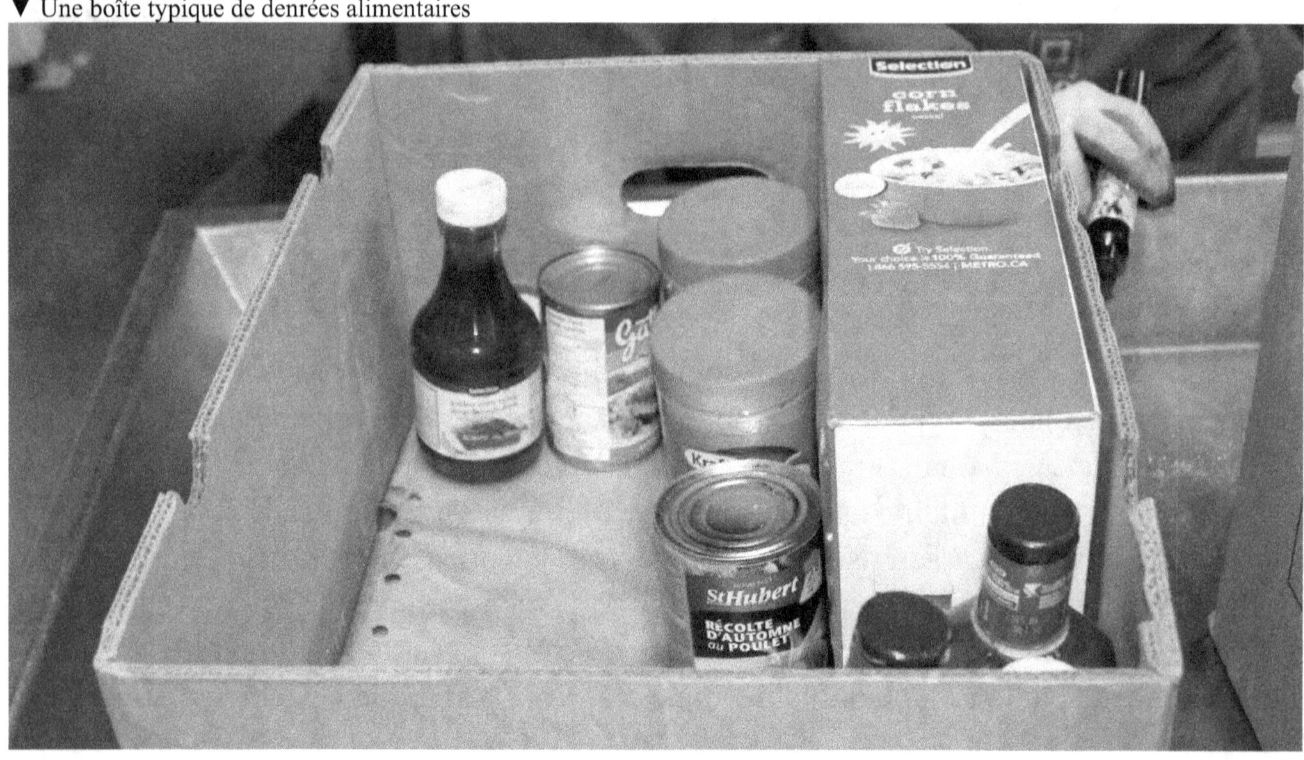

L'une des particularités des boîtes déjà préparées par les bénévoles, c'est qu'elles ne répondent pas toujours aux recommandations de base du *Guide alimentaire canadien*. Par exemple, la photo ci-dessus rend bien compte de cet était de fait, alors que l'on retrouve dans celle-ci une bouteille de sirop de maïs, une canne de sauce à pizza, deux pots de beurre d'arachide, une canne de soupe au poulet, une boîte de céréales Corn Flakes, un flacon de vinaigrette. Juste après la prise de cette photo, la bénévole déposait deux paquets de pâtes alimentaires : spaghetti et macaroni. Ce qui se trouve dans cette boîte appelle d'autres réalités alimentaires et économiques sous-jacentes qui ne sont pas à négliger lors de la préparation de boîtes dédiées à des gens défavorisés :

- Premièrement, la canne de sauce à pizza implique que la personne qui recevra cette boîte devra confectionner une pizza, c'est-à-dire pétrir la pâte ou en utiliser une déjà préparée, acheter du fromage, des charcuteries (pepperoni, salami) et des légumes (poivrons, champignons, tomates). A-t-elle les moyens de se procurer ces produits ? Autrement, elle pourrait utiliser la sauce à pizza pour les pâtes alimentaires qui ont été déposées dans la boîte.
- Deuxièmement, le flacon de vinaigrette suggère que la personne dispose des légumes appropriés pour confectionner une salade et a-t-elle les moyens de se procurer ces produits à prix abordable ?
- Troisièmement, qu'est-il possible de faire avec une bouteille de sirop de maïs, sinon s'en servir pour préparer des desserts ou comme ajout à des mets sucrés déjà existants ?
- Quatrièmement, ce que contient une boîte est rarement approprié aux besoins et goûts de celui ou celle à qui elle est destinée, d'où la fréquentation de banques alimentaires qui, sans pourtant inclure des choix plus diversifiés, permettent de choisir ce que l'on désire.

L'organisation de l'espace et des produits

La banque alimentaire, tout comme le marché public, est confrontée à une contrainte unificatrice, c'est-à-dire faciliter l'accessibilité des produits disponibles gratuitement, mais une distinction essentielle émerge entre ces deux contextes, engendrant des implications significatives : alors que les commerçants des marchés publics déploient ingénieusement des stratégies de mise en valeur de leurs marchandises pour attirer les consommateurs, la banque alimentaire est affranchie de cette dimension de la transaction commerciale. Dans cette sphère d'aide humanitaire, les produits sont agencés sans ordre apparent sur des tables alignées de manière consécutive. On y constatera qu'un processus similaire à celui observé dans les cafétérias est instauré, où les bénéficiaires ont la liberté de se servir parmi une sélection souvent restreinte de produits, mais la distinction primordiale réside dans la nature du contexte opérationnel : les commerçants du marché public œuvrent dans un environnement concurrentiel, où la concurrence entre les produits et les vendeurs incite à la présentation créative et à la promotion qui les pousse à adopter des approches visuelles et marketing pour susciter l'intérêt des clients potentiels. En revanche, la banque alimentaire, en tant qu'entité caritative, n'est pas contrainte par cet impératif concurrentiel, car son objectif central est de fournir des denrées alimentaires aux personnes dans le besoin, sans la nécessité d'attirer les bénéficiaires par des artifices de présentation. Concrèteent, si l'agencement désordonné des produits sur les tables de la banque alimentaire reflète son engagement à faciliter l'accès sans discrimination, et malgré son apparente simplicité, elle garantit une distribution rapide et efficace des denrées, tout en évitant une utilisation excessive de ressources pour des considérations esthétiques qui ne sont pas alignées avec les objectifs humanitaires de l'organisation.

▼ Les tables, disposées en rectangle, permettent de réguler le flux des bénéficiaires qui se serviront

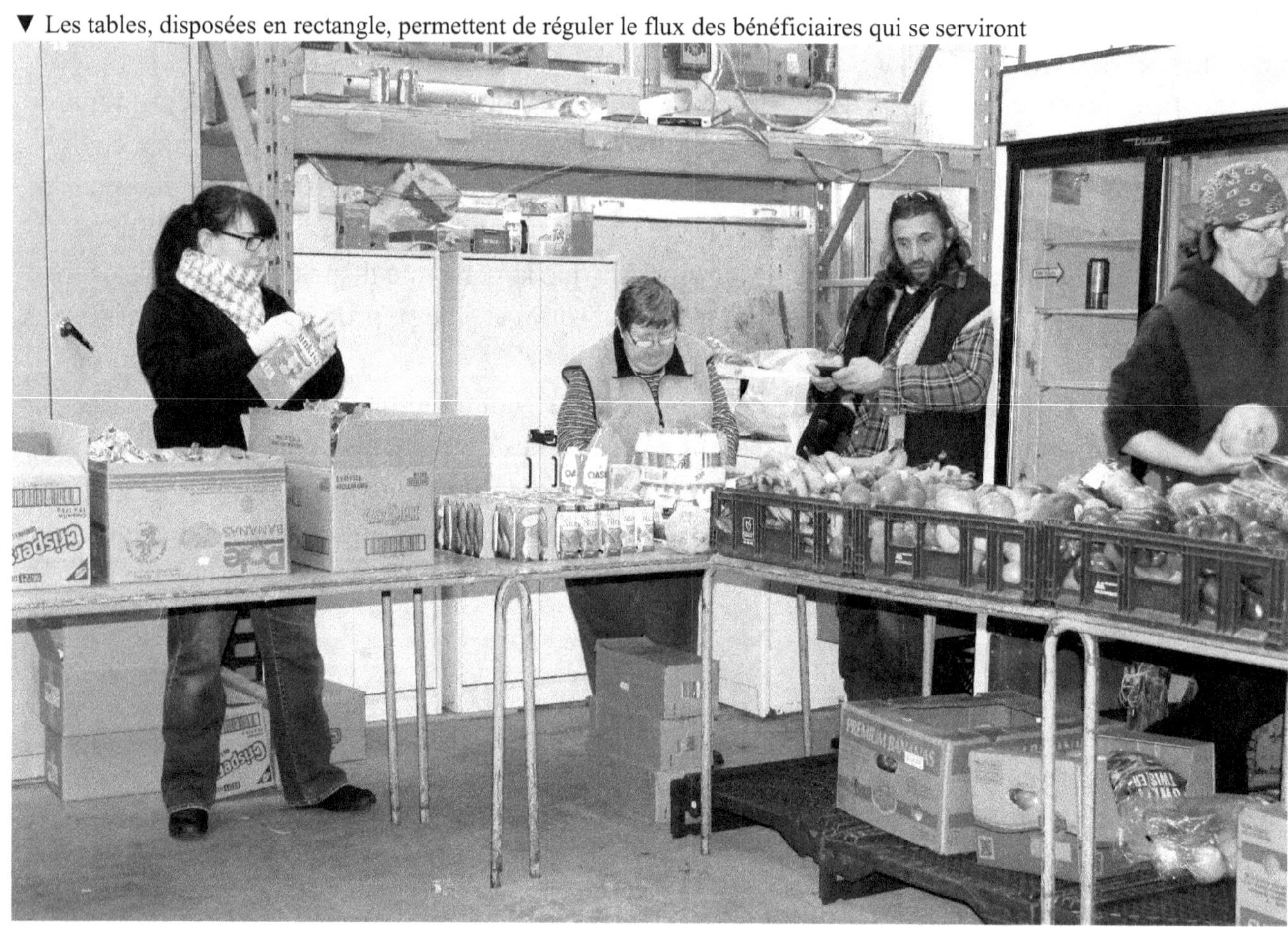

Portez une attention toute particulière à l'aménagement du local de cette banque alimentaire. Comme il s'agit de l'entrepôt d'un ancien commerce de produits sanitaires, les lieux sont restés en l'état. Aucun aménagement particulier n'y a été fait pour agrémenter l'espace, sans compter que, en dehors du jeudi de chaque semaine, cette portion de l'entrepôt est dédiée au transit des marchandises livrées. Ce n'est que le jeudi matin venu que l'espace est réorganisé de façon à accueillir les bénéficiaires de 13 h jusqu'à 17 h. En somme, l'apparence générale des lieux ne paie pas de mine. D'une part, le côté léché d'un marché public pour séduire une clientèle qui a de l'argent à dépenser, d'autre part, le côté banal et ordinaire d'une banque alimentaire pour simplement distribuer des denrées alimentaires et autres produits de toutes sortes. Il ne faut surtout pas voir là une logique binaire, mais bien la mise en opposition de deux aménagements dont la finalité est la même, à savoir nourrir des gens, et qui se situent dans une logique commerciale différente.

▼ Les produits sont présentés pêle-mêle

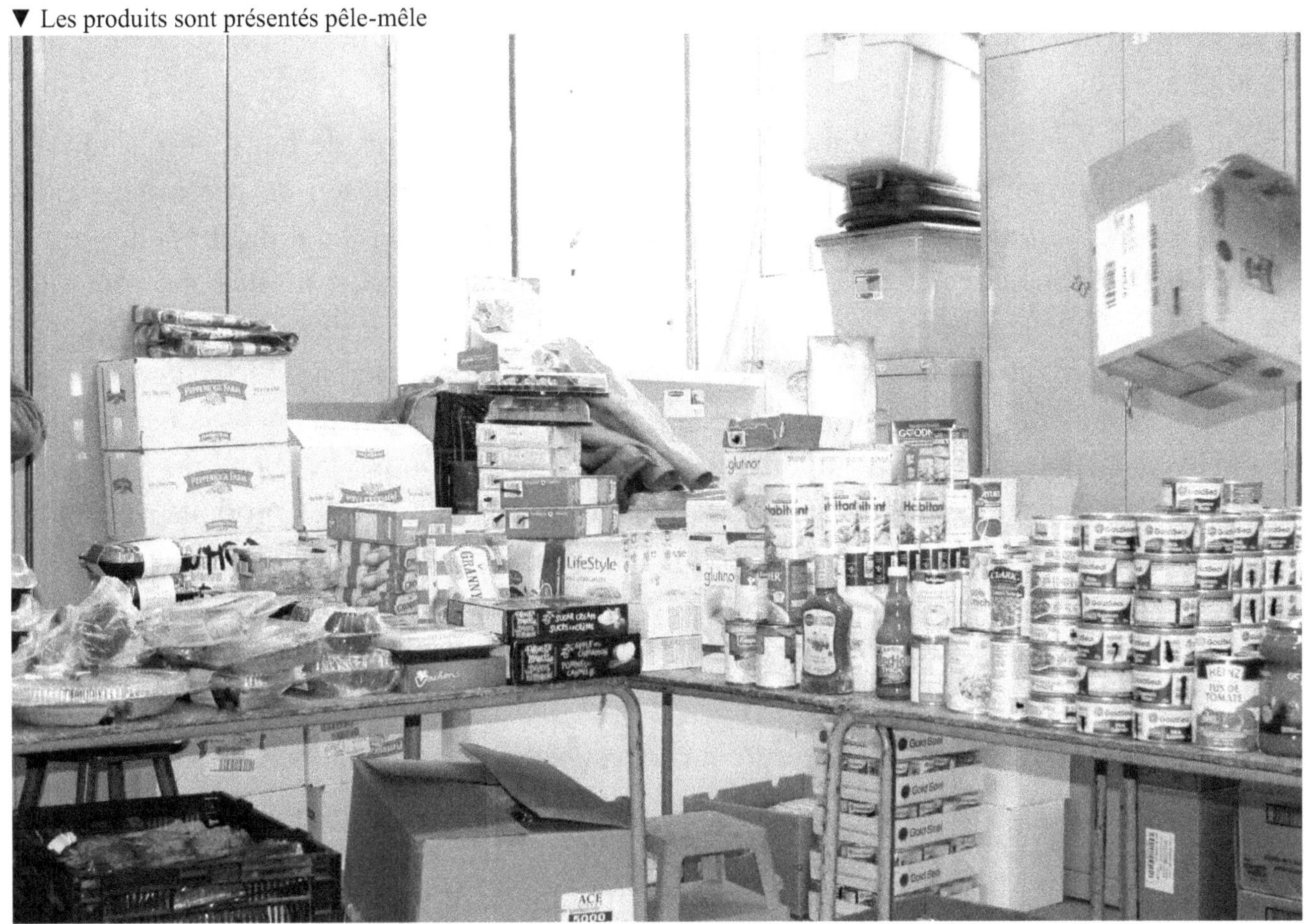

Les photos précédentes révèlent aussi une autre logique qui est la même qui prévaut autant pour les commerçants du marché public, que d'une épicerie, que d'un supermarché ou d'une banque alimentaire : l'approvisionnement des produits (achat, dons, collecte) ; le transport des denrées à différents stades d'acheminement, par des prestataires ou les associations caritatives elles-mêmes ; l'entreposage des denrées ; la manutention et la préparation des commandes et des lots à distribuer ; la distribution des produits alimentaires aux bénéficiaires par les organismes caritatifs. Pour une banque alimentaire, le défi est d'autant plus grand, car la plupart de ces étapes sont assurées par des bénévoles, et surtout par le fait que, par la variété des produits distribués (épicerie, surgelés, réfrigérés), et notamment leur caractère périssable, voire parfois très périssable des produits, et par la nature même du public qui bénéficie de l'aide alimentaire, il est indispensable d'assurer la sécurité des aliments à chaque étape de la filière. Autrement dit, la banque alimentaire ne peut se soustraire à l'exigence de salubrité des aliments. La logique de présentation des produits, dans une banque alimentaire, n'a pas à s'inscrire dans une démarche commerciale de mise en valeur de ceux-ci. Au sein d'une banque alimentaire, le bénéficiaire ne s'engage pas dans une démarche d'achat en fonction de ses goûts personnels ; son objectif premier est de répondre à un besoin fondamental, à savoir celui de se nourrir. Il est incontestable que le bénéficiaire dispose de la faculté de sélectionner les produits qu'il préfère consommer, mais cette faculté se voit intrinsèquement restreinte par la gamme restreinte de produits disponibles à disposition.

Étant donné que l'essence même d'une banque alimentaire réside dans sa mission altruiste de fournir un secours nutritionnel aux individus en situation de précarité, la démarche n'est pas guidée par les motivations de choix ou de préférences personnelles, mais par la nécessité fondamentale de subsistance. En opposition au processus de consommation classique où l'acheteur opère un choix en fonction de ses désirs et de ses besoins, le bénéficiaire d'une banque alimentaire se trouve dans une position différente : le critère primordial est la satisfaction d'un besoin élémentaire, ce qui change radicalement la perspective de l'acte de sélection. De là, il importe de souligner que, bien que la liberté de choix soit préservée à un certain degré, elle est restreinte par la disponibilité des produits offerts où ùa sélection, dans ce contexte, est déterminée par l'assortiment restreint des denrées alimentaires disponibles au sein de la banque alimentaire. En conséquence, le choix du bénéficiaire est conditionné non seulement par ses préférences individuelles, mais également par la gamme de produits qui lui est présentée.

Cette limitation dans le choix des produits peut susciter des réflexions plus profondes sur les concepts de dignité et de respect envers les bénéficiaires. D'une part, elle soulève la question de la dignité intrinsèque de l'individu en situation de précarité, en ce sens qu'il peut ne pas avoir la même marge de manœuvre pour choisir sa nourriture que d'autres de moyens financiers plus conséquents. D'autre part, elle interroge la manière dont les organisations humanitaires et la société dans son ensemble abordent la question de l'équité alimentaire et de l'accès aux ressources essentielles. Comme le souliogne fort bien un bénéficaire : « *On prend ce qu'il y a et on fait pas trop la fine gueule...* ».

Les bénévoles et les bénéficiaires

Dans une banque alimentaire, pas de vendeurs, que des bénévoles qui acceptent de rendre service. Il est aussi intéressant de noter les oppositions de langage en fonction du lieu : marché public/banque alimentaire ; client/bénéficiaire ; vendeur/bénévole. Tout comme le vendeur dans un marché public, le bénévole est avant tout dans une démarche de proximité avec le bénéficiaire. Et cette démarche de proximité, sur le plan de l'organisation de l'espace, est exactement la même que pour celle du marché public : les produits offerts sont directement accessibles au bénéficiaire ; il y a moins d'un mètre qui sépare le bénéficiaire du bénévole.

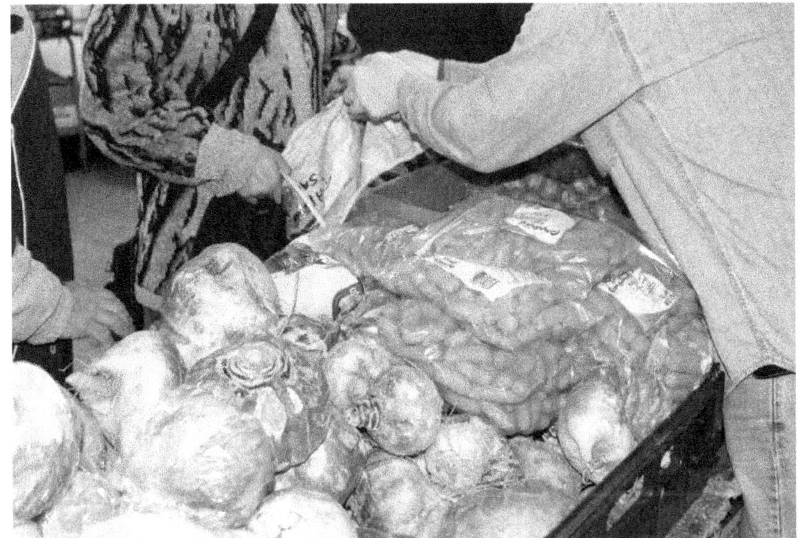

À travers toutes ces expériences de solidarité, comme le soulignait déjà en 1997 l'équipe de recherche de la sociologue Jennifer Beeman[21], souvent, des personnes œuvrant dans le domaine de l'aide alimentaire se demandent si une telle intervention n'entraîne pas une dépendance chez les usagers lorsqu'il ne s'agit plus d'un dépannage d'urgence, mais plutôt d'une pratique régulière pour pallier le manque de revenu. On sait qu'une forte majorité, plus de 88 %, des usagers des services de dépannage vivent dans la grande pauvreté (revenu inférieur de 50 % au seuil de faible revenu tel que le définit Statistique Canada) ou dans la marginalité (revenu compris entre 50 % et 75 % du seuil de faible revenu) et qu'à peu près 75 % des usagers sont bénéficiaires de l'aide sociale. De plus, les demandes pour l'aide alimentaire augmentent sans cesse, et les intervenants et bénévoles font face à des situations qui s'alourdissent et pour lesquelles ils ne sont pas préparés. En ce sens, le directeur général de *La Bouchée Généreuse*, Pierre Gravel, pose un sombre constat : « *On devrait pas exister. On récupère, on fait des pieds et des mains pour obtenir des denrées alimentaires. On organise chaque jeudi la journée de distribution. Parfois, j'ai l'impression qu'on remplace l'État. Il y a un an, on avait 325 personnes. Aujourd'hui on a 750 bénéficiaires chaque jeudi… C'est pas drôle là… On est en train de devenir une institution…* ».

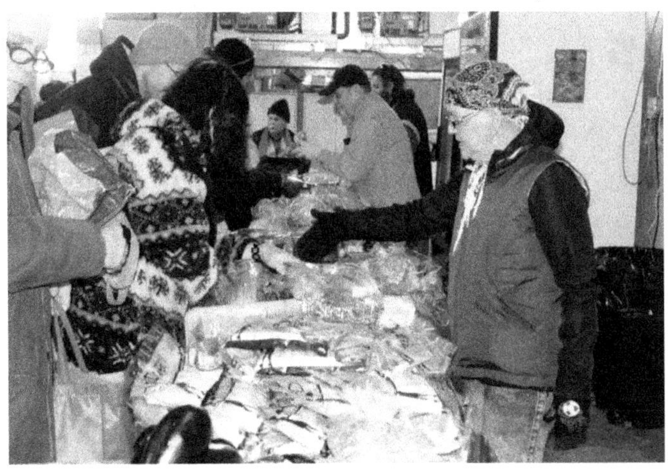

D'un strict point de vue linguistique, les mots *bénévole* et *bénéficiaire* relèvent du même préfixe latin *bene* (bien). Le suffixe du premier, bénévole, *vole* (vouloir), désigne l'idée de vouloir le bien. Le suffixe du second, bénéficiaire, *facere* (faire) est un « bien fait ». En un certain sens, le bénévole et le bénéficiaire sont dans une logique qui les unit irrémédiablement. Cette logique n'existe pas entre vendeur (du latin

---

[21] Beeman, J., Panet-Raymond, J., Racine, S., et als. (1997), « Les groupes d'aide alimentaire pour les personnes défavorisées : lieux de sociabilité ou de gestion de la pauvreté ? », dans *La pauvreté en mutation*, Cahiers de recherche sociologique, n° 29, pp. 43–58.

vendere : vendre, trafiquer, faire valoir, vanter, louer, recommander) et acheteur (du latin populaire *captare* : chercher à prendre). Elle se situe plutôt dans une logique d'opposition. Le premier fait valoir ses produits, le second cherche à prendre ce que le premier offre, en échange d'un montant d'argent. Le bénévole, pour sa part, offre quelque chose pour faire du bien, sans aucune attente en retour, alors que le bénéficiaire accepte ce qui lui est généreusement offert.

▼ Des denrées offertes par de « généreux donateurs »

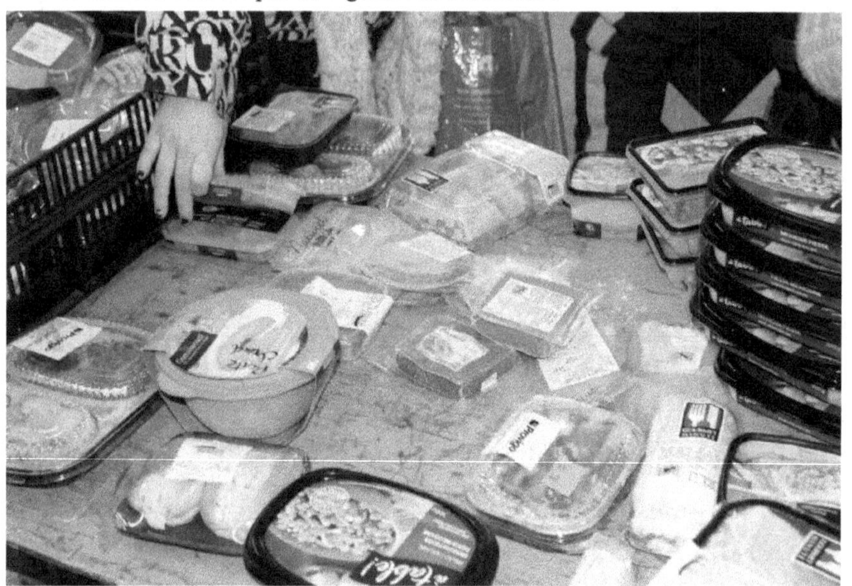

Cette photo est particulièrement éloquente à ce sujet. Au sein d'une banque alimentaire, le bénéficiaire, désignant celui qui reçoit des provisions fournies par des donateurs fréquemment qualifiés de « généreux donateurs », se retrouve généralement confronté à une offre relativement restreinte et parfois en désaccord avec ses propres pratiques alimentaires. L'exemple concret illustre la complexité de cette situation : dans les contenants en plastique noir, divers produits sont présentés, notamment de la mousse d'huître, des carottes finement tranchées, des plats préparés qui, généralement, approchent de leur date de péremption et nécessitent donc une consommation dans les 48 heures qui suivent. Sur les tables, se trouvent des pâtés de campagne, des petits pains fourrés au jambon haché ou au poulet, des muffins, des fruits et des produits surgelés. Cette variété est agrémentée de libellés « santé », telles que l'houmous et de petits plats végétariens à base de quinoa, de riz sauvage et de légumes, tant communs qu'exotiques. Certes, une certaine gamme de produits de base est également disponible, mais le fil conducteur qui émerge de cette offre réside dans le défi d'atteindre une alimentation équilibrée. Un autre aspect intrigant réside dans l'absence, lors de cette prise de photos, de produits tels que croustilles, friandises et biscuits.

Au cœur de cette dynamique alimentaire, se trouve une tension entre l'offre disponible et les préférences nutritionnelles individuelles : alors que la banque alimentaire s'efforce de fournir une assistance alimentaire essentielle, la diversité des produits disponibles peut créer un dilemme pour les bénéficiaires. En effet, le contraste entre les produits tels que l'houmous, qui peuvent sembler inhabituels dans le contexte de l'assistance alimentaire, et les options plus courantes telles que les légumes et les fruits, reflète une juxtaposition d'articles qui peuvent ne pas nécessairement correspondre aux habitudes alimentaires ou aux restrictions diététiques des bénéficiaires. Pour sa part, le mélange de plats préparés en fin de durée de conservation expose les bénéficiaires à des choix urgents pour éviter le gaspillage alimentaire, et cette situation met bien en évidence les défis pratiques auxquels les bénéficiaires peuvent être confrontés lorsqu'ils tentent de consommer ces denrées dans un délai limité.

Le lecteur aura peut-être remarqué l'omission, intentionnelle ou non, de produits moins nutritifs tels que les croustilles, les friandises et les biscuits, qui peut être interprétée comme une application discrète du concept de *nudging* ou coup de pouce en matière de choix alimentaires. En fait, le nudging, en tant que concept de psychologie comportementale et d'économie comportementale, vise à influencer les comportements des individus de manière subtile et non coercitive, en les orientant vers des décisions considérées comme bénéfiques pour leur bien-être. Dans ce contexte, l'absence intentionnelle ou non de produits moins nutritifs peut être perçue comme une tentative subtile de guider les choix alimentaires des bénéficiaires vers des options plus saines. En éliminant les options moins nutritives, la banque alimentaire crée ainsi un environnement où les choix prédominants sont intrinsèquement plus favorables sur le plan nutritionnel.

Cependant, cette approche soulève des considérations importantes liées à l'autonomie et à la liberté de choix des bénéficiaires, car bien que l'intention de promouvoir des choix alimentaires plus sains puisse être louable, elle peut également susciter des préoccupations quant à la capacité des bénéficiaires de prendre des décisions éclairées et autonomes. En restreignant discrètement les options moins nutritives, la banque alimentaire pourrait être perçue comme limitant la diversité des choix alimentaires et enfreignant la liberté de décision des bénéficiaires en matière de consommation. En fait, une réflexion équilibrée sur l'application du *nudging* au sein des banques alimentaires nécessiterait de prendre en compte les motivations sous-jacentes, les objectifs et les impacts sur les bénéficiaires. Si les bénéfices potentiels d'une approche de type *nudge* comprennent généralement une amélioration globale de la santé des bénéficiaires et une promotion de choix plus sains, il n'en reste pas moins qu'il est crucial de garantir que les bénéficiaires conservent leur autonomie et leur capacité à faire des choix conformes à leurs préférences et à leurs besoins individuels.

En résumé, l'éventail des produits offerts au sein des banques alimentaires met en lumière des dilemmes complexes associés à l'équilibre entre les besoins nutritionnels, les préférences individuelles et les contraintes opérationnelles. Si les considérations de durabilité, de santé et de respect de la dignité des bénéficiaires sont étroitement entrelacées dans cette dynamique, posant ainsi des questions essentielles pour les politiques de distribution alimentaire au sein de ces organisations humanitaires, cela conduit forcément à considérer le fait qu'il existe deux types de société : l'une, invisible, qu'on ne voit pas et qu'on ne veut surtout pas voir, c'est-à-dire celle de la faim et de l'humiliation dont les rangs croissent au rythme de 3 à 4 % chaque année, et l'autre, celle que l'on voit chaque jour et qui cache merveilleusement bien la première. Au cœur de cette société prospère, un paradoxe émerge inévitablement, mettant en exergue la complexité des enjeux socio-économiques. Au sein de cette toile tissée de progrès, des individus croulent sous le poids de dettes, une réalité contrariée par les discours rassurants énoncés par les politiciens. Ces émissaires du pouvoir politique affirment que tout va pour le mieux, mais ajoutent que pour optimiser davantage cette situation, des mesures d'austérité doivent être prises dans des sphères déjà éprouvées et vulnérables. Dans ce dilemme, les couches les plus précaires de la société sont laissées pour compte, se retrouvant ainsi dans une situation où l'accès à un besoin fondamental aussi primordial que celui de se nourrir est en péril. Ce sont là les défis auxquels certains de nos concitoyens, au sein de pays développés, sont inévitablement confrontés.

▼ Ne choisir que ce qui est disponible

▼ Liberté de choisir ce qui est disponible

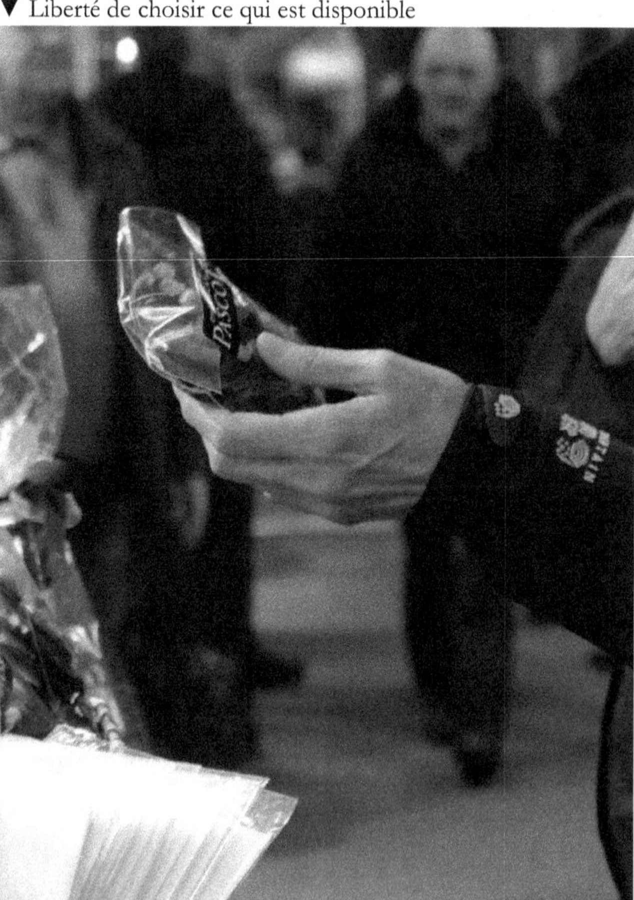